新能源汽车检测与维修专业技能人才培养工学一体化课程教材

新能源汽车高压系统检修

王 雷/主 编
秦世环 冯文茜/副主编
黄辉镀/主 审

人民交通出版社
北京

内 容 提 要

本书是新能源汽车检测与维修专业技能人才培养工学一体化课程教材之一。主要内容包括新能源汽车高压下电与检验、新能源汽车高压电控总成故障检修、新能源汽车动力蓄电池故障检修、新能源汽车驱动电机故障检修和新能源汽车充电系统故障检修,共分5个学习任务。

本书可作为技工院校新能源汽车检测与维修专业教材,也可供新能源汽车维修人员及相关技术人员参考使用。

本教材配套数字资源,读者可免费扫码观看和在线学习;同时配有教学课件,教师可通过加入汽车技工教学研讨群(QQ:428147406)获取。

图书在版编目(CIP)数据

新能源汽车高压系统检修/王雷主编.—北京:人民交通出版社股份有限公司,2024.8(2025.7重印)

ISBN 978-7-114-19555-6

Ⅰ.①新… Ⅱ.①王… Ⅲ.①新能源—汽车—高电压—车辆修理 Ⅳ.①U469.7

中国国家版本馆 CIP 数据核字(2024)第 111309 号

书 名:	新能源汽车高压系统检修
著 作 者:	王 雷
责任编辑:	郭 跃
责任校对:	孙国靖 卢 弦
责任印制:	张 凯
出版发行:	人民交通出版社
地 址:	(100011)北京市朝阳区安定门外外馆斜街3号
网 址:	http://www.ccpcl.com.cn
销售电话:	(010)85285911
总 经 销:	人民交通出版社发行部
经 销:	各地新华书店
印 刷:	北京市密东印刷有限公司
开 本:	787×1092 1/16
印 张:	19.75
字 数:	406 千
版 次:	2024年8月 第1版
印 次:	2025年7月 第2次印刷
书 号:	ISBN 978-7-114-19555-6
定 价:	58.00 元

(有印刷、装订质量问题的图书,由本社负责调换)

编审委员会名单

主 任 委 员 文爱民

副主任委员 戴良鸿　沐俊杰　魏垂浩

委　　　员 （按照姓氏笔画排序）

广禹春　王玉彪　王　杰　王　瑜　王　雷
毛红孙　朱建勇　刘　卯　刘　宇　刘轩帆
刘　健　刘爱志　刘海峰　汤　彬　许云珍
杨雪茹　李长灏　李永富　李学友　李　轶
肖应刚　吴　飞　张　薇　陈志强　陈李军
陈金伟　陈新权　孟　磊　郝庆民　姚秀驰
夏宝山　晏和坤　高窦平　郭志勇　郭　锐
郭碧宝　唐启贵　黄　华　黄辉镀　彭红梅
彭钰超　解国林　樊永强　樊海林

前言
Preface

　　为进一步贯彻落实《关于深化技工院校改革 大力发展技工教育的意见》和《技工教育"十四五"规划》《推进技工院校工学一体化技能人才培养模式实施方案》等文件精神，对接汽车产业发展新趋势，满足新能源汽车领域高质量发展对高素质技术技能人才的需求，人民交通出版社特组织江苏汽车技师学院、广西交通技师学院、贵州交通技师学院、杭州技师学院、浙江交通技师学院、江苏省交通技师学院、广西工业技师学院、北京汽车技师学院、日照技师学院等20余所院校，共同编写了新能源汽车检测与维修专业技能人才培养工学一体化课程教材。

　　工学一体化培养模式是依据国家职业技能标准及技能人才培养标准，以综合职业能力培养为目标，将工作过程和学习过程融为一体，培育德技并修、技艺精湛的技能劳动者和能工巧匠的人才培养方式。本套教材秉承上述理念，落实《技工院校教材管理工作实施细则》，遵循知识和技能并重的改革方向，根据技工教育的特点以及技工院校学生的学习情况进行编写，具有以下特点：

　　（1）教材编写依据最新发布的《新能源汽车检测与维修专业国家技能人才培养工学一体化课程标准》，贯彻以学生为中心、以能力为本位的教学理念，构建难度适当的理论知识体系，以学生的实操内容及职业素养培养为核心，围绕典型学习任务设计教材任务、活动，突出知识的实用性、综合性和先进性。教材充分实现思想政治教育、知识传授、技能培养融合统一，持续推动技工院校内涵发展和特色发展。

　　（2）在教材中融入了丰富的课程思政元素及党的二十大精神内容，选取国产汽车品牌进行详解，培养学生的国产品牌意识，增强民族自信，体现"培根铸魂，启智润心"教育目标，实现思想政治教育与技术技能培养的有机结合。

　　（3）教材编写过程中充分吸纳行业、企业专家，深入了解目前行业、企业对本专业人才的实际需求，由相关企业提供部分配套的教学资源和技术支持，行业企业人员真正深度参与教材编写与开发。进一步提高技能人才培养质量，帮助学生从学校学习到就业工作紧密衔接。

（4）部分教材配备了丰富的教学资源（纸数融合），教材的知识点以二维码链接动画、视频资源，所有教材配有课件、习题及答案等，满足学生个性化学习的需求，提升教材使用体验感。

本书遵循技工院校的教学理念，采用六步一体化教学法，全面涵盖了新能源汽车检修的核心知识和技能。从高压下电与检验到高压电控总成、动力电池系统、驱动电机以及充电系统的故障检修，每个环节都有详尽的操作步骤和注意事项。通过学习这本书，您将能够初步掌握新能源汽车检修的技能和方法，为未来的工作和学习奠定基础。

本书在编写时注重理论与实践相结合。书中除了提供丰富的理论知识，还结合实际案例和实践经验，为读者提供实用的检修技巧和方法。这种教学方式将帮助读者更好地理解和掌握新能源汽车检修的技能，提升读者的实践能力。

本书由江苏汽车技师学院王雷担任主编并负责统稿，由浙江交通技师学院秦世环、江苏汽车技师学院冯文茜担任副主编。具体编写分工为，任务一活动1由江苏汽车技师学院倪桂荣编写，活动2至活动3由江苏汽车技师学院朱正官编写；任务二由秦世环编写；任务三由冯文茜编写；任务四活动1至活动3由江苏汽车技师学院王辉编写，活动4由江苏汽车技师学院史赛赛编写；任务五活动1至活动3由江苏汽车技师学院季伟剑编写，活动4由王雷编写。参编教师均为新能源汽车教学领域的资深教师，具有丰富的实践经验和教学经验。感谢他们的辛勤付出，为这本书的编写提供了有力支持。

虽然编者在编写过程中查阅了大量的书籍、文献和资料，但新能源汽车发展速度很快，以及编者水平有限，书中难免有疏漏之处。真诚地欢迎读者提出宝贵的意见和建议，帮助我们不断改进和完善这本书。再次感谢您的阅读和支持。

编 者
2024年5月

目录 Contents

学习任务一　新能源汽车高压下电与检验 ·· 1
 学习活动 1　新能源汽车高压下电操作流程 ·· 2
 学习活动 2　新能源汽车高压系统部件的识别与基本检查 ························ 16
 学习活动 3　新能源汽车高压线束的识别与基本检查 ······························ 33
 习题 ·· 51

学习任务二　新能源汽车高压电控总成故障检修 ··································· 53
 学习活动 1　电机控制器故障检修 ·· 54
 学习活动 2　车载充电机故障检修 ·· 71
 学习活动 3　DC/DC 变换器故障检修 ··· 88
 学习活动 4　高压配电盒故障检修 ·· 103
 习题 ·· 117

学习任务三　新能源汽车动力蓄电池故障检修 ······································ 119
 学习活动 1　动力蓄电池包更换 ·· 120
 学习活动 2　动力蓄电池管理系统通信故障检修 ··· 137
 学习活动 3　动力蓄电池冷却系统故障检修 ··· 158
 学习活动 4　动力蓄电池高压互锁故障检修 ··· 174
 习题 ·· 185

学习任务四　新能源汽车驱动电机故障检修 ·· 187
 学习活动 1　驱动电机性能检测 ·· 188
 学习活动 2　驱动电机过热故障检测与排除 ··· 199
 学习活动 3　驱动电机常见异响故障检测与排除 ··· 213
 学习活动 4　驱动电机旋变传感器故障检测与排除 ···································· 225
 习题 ·· 239

学习任务五　新能源汽车充电系统故障检修　242

学习活动1　低压充电系统故障检测与排除　243

学习活动2　交流慢充系统故障检测与排除　258

学习活动3　直流快充系统故障检测与排除　273

学习活动4　充电设备故障检测与排除　289

习题　304

参考文献　306

学习任务一

新能源汽车高压下电与检验

学习目标

知识目标

1. 能够说出新能源汽车高压系统的组成部件,并描述高压部件作用及位置;
2. 正确阐述新能源汽车高压电气维修时的安全操作规范;
3. 能够说出新能源汽车高压线束的设计要求;
4. 能够解释新能源汽车高压线束高压插接器各个脚位的含义;
5. 能够绘制不同车型高压系统的高压线束分布图。

技能目标

1. 认出新能源汽车高压部件的安装标识;
2. 指出比亚迪 e5 不同位置的高压部件,并说出其名称;
3. 正确使用新能源汽车常用拆卸工具;
4. 规范拆卸与安装新能源汽车部分高压部件及线束;
5. 识读新能源汽车高压下电与检验标准。

素养目标

1. 提升学生的抗压能力,心理抗挫能力;
2. 能够在工作过程中与小组其他成员合作、交流,养成团队合作意识,锻炼沟通能力;
3. 具备与本专业职业发展相适应的劳动素养、劳动技能;
4. 履行道德准则和行为规范,培养学生的社会责任感和社会参与意识。

建议学时

26 学时

学习活动

学习活动 1　新能源汽车高压下电操作流程
学习活动 2　新能源汽车高压系统部件的识别与基本检查
学习活动 3　新能源汽车高压线束的识别与基本检查

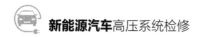

学习活动 1　新能源汽车高压下电操作流程

一、资讯

情景描述 >>>

近期,某比亚迪新能源汽车 4S 店机修组招聘了一批新员工,作为店里具有丰富维修经验且具备高超维修技术的技术副总监小王,接到一工作任务:由于新能源汽车具有高压电的特点,根据上岗要求,需带领新员工完成新能源汽车高压下电操作流程。如果你是小王,应该如何操作呢?

任务要求 >>>

请你根据任务情境描述,在规定的时间内,完成新能源汽车高压下电操作。
(1)请列出需要和组长沟通的内容。
(2)完成新能源汽车高压下电操作流程编写,填写好任务委托书。
(3)根据情境描述的任务,查阅资料,制订一份新能源汽车高压下电操作流程实施方案,并全面而细致地说明采取此方案的理由。
(4)查阅维修手册,对新能源汽车进行高压下电操作。
(5)请列出在新能源汽车高压下电操作过程中需要注意的事项。

建议学时 >>>

10 学时

二、计划

知识链接 >>>

1. 电气作业管理措施

从事电气工作的人员为特种作业人员,必须经过专门的安全技术培训和考核,经考试合格取得安全生产综合管理部门核发的《特种作业操作证》后,才能独立作业。电工作业人员要遵守电工作业安全操作规程,坚持维护检修制度,特别是高压检修工作的安全,必须坚持工作票、工作监护等工作制度。

2. 特种作业操作证

特种作业操作证由安全生产监督管理部门颁发,特种作业人员经培训、考核合格后发证。特种作业操作证是国家为了规范特种作业人员的安全技术操作,提高特种作业人员的安全技术水平,防止和减少伤亡事故的基本依据。特种作业操作证的有效期是6年,2年进行一次复审。特种作业操作证(低压电工作业)如图1-1所示。

图1-1 特种作业操作证(低压电工作业)

3. 高压安全要求

新能源汽车高压电气系统的工作电压在数百伏,较高的工作电压对电源系统与车辆底盘之间的绝缘性能提出了更高的要求。

1) 高压电气系统可能带来的危害

(1) 电源正负极引线或电池通过受潮绝缘层和底盘构成漏电回路,使底盘电位上升,将影响低压电气和车辆控制器的正常工作,并且会危及乘客的人身安全。

(2) 当高压电路和底盘发生多点绝缘性能严重下降时,还会导致漏电回路的热积累效应,可能造成车辆的电气火灾。

2) 检测新能源汽车的高压电气系统和自动断路器的工作状态及功能的参数

(1) 高压电气参数:高压系统电压、电流,高压总线剩余电量。

(2) 高压电路参数:动力蓄电池绝缘电阻、高压总线等效电容。

(3) 非电测量参数:环境温度、湿度。

(4) 数字量测参数:主要是开关量的输入和输出。

3) 新能源汽车具体的高压安全要求

(1) 人体的安全电压低于36V,触电电流和持续时间乘积的最大值小于30mA·s。

(2) 绝缘电阻除以蓄电池的额定电压至少应该大于100Ω/V,最好是能确保大于500Ω/V。

(3) 对于各类蓄电池,充电电压不能超过上限电压,一般最高不超过额定电压的30%。

(4) 对于高于60V的高压系统,其上电过程至少需要100ms,在上电过程中应该采用预充电过程来避免高压冲击。

(5) 在任何情况下继电器断开时间应该小于20ms,当高压系统断开后1s,汽车的任何导电的部分和可接触的部分对地电压峰值应当小于42.4V(交流)/60V(直流)。

4.车间防护设备

新能源汽车常用的车间防护设备主要有防静电工作台、绝缘胶垫、灭火器、隔离带和车间警示标志等。

图1-2 防静电工作台

1)防静电工作台

防静电工作台如图1-2所示,在对新能源汽车电力电子部件或总成进行检测时,防静电工作台可防止静电击穿电力电子元器件。

2)绝缘胶垫

绝缘胶垫又称为绝缘毯、绝缘垫、绝缘胶皮、绝缘垫片,如图1-3(左)所示。绝缘胶垫具有较大体积电阻率,耐电击穿,用于配电等工作场合的台面或铺地绝缘材料,能起到较好的绝缘效果。

3)灭火器

灭火器有干粉式灭火器、泡沫式灭火器及二氧化碳灭火器等。干粉灭火器使用方便、有效期长,一般家庭使用的灭火器都是这一类型,如图1-3(右)所示,它适用于扑救各种易燃、可燃液体和易燃、可燃气体火灾,以及电气设备火灾;泡沫灭火器适用于扑救各种油类火灾和木材、纤维、橡胶等固体可燃物火灾;二氧化碳灭火器灭火性能高、毒性低、腐蚀性小灭火后不留痕迹,使用比较方便,它适用于各种易燃、可燃液体和可燃气体火灾,还可扑救仪器仪表、图书档案和低压电气设备以及600V以下的电器初起火灾。

图1-3 绝缘胶垫(左)、灭火器(右)

4)隔离带

隔离带能够将车辆高压电气系统的作业场地隔离,防止其他人员随意进入,起到隔离和警示的作用,如图1-4所示。

图1-4 隔离带

5）车间警示标志

车间警示标志如图1-5所示,提醒人员电气设备高压危险。

图1-5　车间警示标志

5. 新能源汽车高压电气维修操作规范

1）维修操作要求

高压电气部件的维护和检修作业,设立专职监护人。由监护人监督工、量具设备的检查,劳保用品等是否符合要求,也监督作业全过程,并对作业结果进行检查,指挥供电。监护人和操作人要持证上岗。

操作人员上岗不得佩戴金属饰物,例如,戒指、手表、项链等,工作服衣袋内不得有金属物件,例如,钥匙、金属壳、笔、手机、硬币等。

2）作业前检查

（1）检查现场环境,设置隔离,设立警示标识。

（2）检查高压防护用具:绝缘手套、绝缘帽、绝缘鞋、护目镜、绝缘垫。

（3）检查高压测量工具:检查万用表、兆欧表,如图1-6所示。

3）关闭电源开关,钥匙放在安全处

关闭车辆点火开关,将钥匙放置在安全位置,如图1-7所示。

a) 万用表　　b) 兆欧表

图1-6　高压测量工具　　　　图1-7　关闭电源开关

4）断开低压蓄电池负极线

断开低压蓄电池负极线,负极电缆接头用绝缘胶布包好。蓄电池负极桩头用盖子盖好或用绝缘胶布包好,如图1-8所示。

动力蓄电池继电器由低压蓄电池供电,当低压蓄电池负极电缆断开后,动力蓄电池继电器将无法正常工作。

5)断开维修开关并妥善保管

一般来说,新能源汽车设置有维修开关,断开维修开关才可对新能源汽车进行维修,如图 1-9 所示。断开维修开关时需要穿戴好绝缘防护用品,并用盖子将接口封好或用绝缘胶布将维修开关接口封好。放置车辆 5~10min,对新能源汽车的高压电容器进行放电。

断开维修开关是为了断开蓄电池组之间连接,进一步降低高压。

图 1-8 断开 12V 蓄电池负极电缆

图 1-9 拔出维修开关

6)断开动力蓄电池高低压线束

穿戴好绝缘防护品,先断开动力蓄电池低压线束,再断开高压线束(母线),如图 1-10 所示。

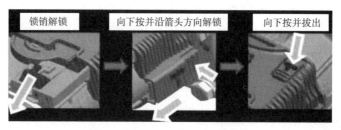
图 1-10 断开动力蓄电池高压线束插头

7)放电、验电

断开动力蓄电池母线后,等待约 5~10min,进行放电操作,使用验电设备(如万用表)进行验电,如图 1-11 所示,确保动力蓄电池母线无电。

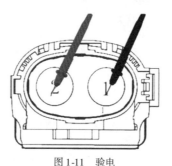
图 1-11 验电
1-高压负极输出;2-高压正极输出

任务确认

请认真阅读工作情境描述,用彩笔标记关键词,用一句话总结你需要完成的任务及要求。

工作要求

信息归纳

(1)查阅资料,了解新能源汽车高压下电操作的基本流程,与小组内成员讨论,归纳总结,填写在下表中。

序号	基本流程
1	
2	
3	
4	
5	

(2)根据新能源汽车高压下电操作基本流程,讨论完成下面的相关内容记录,并初步编制新能源汽车高压下电操作实施流程。

相关内容记录
①新能源汽车高压下电操作前需做哪些准备工作
②新能源汽车高压下电操作的注意事项
③新能源汽车高压下电操作流程的编制

三、决策

教师对各小组制订的故障检修方案进行点评，并进行修改完善。

优化后的实施方案

四、实施

新能源汽车高压下电操作流程如下。

1. 安全防护工作	
 检查绝缘垫，布置警戒线，摆放警示牌	（1）检查绝缘垫，布置警戒线，摆放警示牌
 检查绝缘手套、绝缘鞋、护目镜、安全帽	（2）绝缘手套、绝缘鞋、护目镜、安全帽外观及性能检查
 检查工具外观及性能	（3）绝缘万用表和绝缘工具箱外观及性能检查

续上表

	1.安全防护工作
 穿戴防护工具	(4)穿戴防护用品,检查尺寸大小和密封效果 安全帽的正确佩戴方法
	2.作业准备
 设立安全监护人	(1)设立安全监护人,实操人员持有国家安监局颁发的特种作业操作证。若实操人员暂无证书,则实训教师必须在场指导,确保人身安全
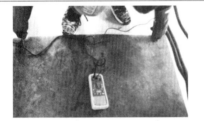 测量绝缘垫	(2)检查并铺设绝缘垫
 设立隔离栏、布置警戒线	(3)设立隔离栏,布置警戒线,隔离间距保持在1~1.5m
 放置警示牌	(4)放置"高压危险""有电危险""禁止合闸"等警示牌,防止他人误碰

续上表

2. 作业准备	
检测万用表功能	（5）检查绝缘万用表测试线束及表笔是否破损折断，功能按钮是否正常显示
高压维修工具检查	（6）检查高压维修工具外观绝缘层是否破损严重，工具数量是否有缺失
3. 高压下电流程	
记录车辆信息	（1）记录车辆 VIN 码和电机功率
安装车外三件套	（2）安装翼子板布、格栅布
安装车内三件套	（3）安装转向盘套、座椅套、脚垫

续上表

3.高压下电流程	
 安装车轮挡块	(4)按照对角线方向,分别在前后车轮上位置安装车轮挡块
 打开车窗、拉起驻车制动器	(5)打开起动开关并落下驾驶人侧车窗,检查电子驻车制动器和挡位
 踩下制动踏板,并按下起动开关	(6)踩下制动踏板,并按下起动开关
 储存钥匙	(7)关闭车辆点火开关,将车钥匙锁入维修柜或实操人员保管,保证他人无法接触

续上表

3. 高压下电流程	
 断开蓄电池负极  绝缘胶带包裹负极线	(8) 低压蓄电池负极断开后需绝缘处理
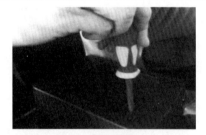 拆卸维修开关挡板  拔出维修开关  储存维修开关	(9) 使用绝缘工具拆卸检修开关遮板固定螺栓，佩戴维修手套拆下检修开关。将检修开关锁入维修柜安全存放。并在拆除后的相应位置放置标有"有电危险"的警示牌，等待 10min

续上表

3.高压下电流程	
  恢复工位	（10）恢复现场： 按8S管理要求整理

五 检查

再次检查新能源汽车高压下电操作流程，确保车辆已完全下电，保障人身安全。

高压断开后，如需进行其他高压相关操作请等待至少10min。并使用仪器测量高压母线接头，确保高压器件完全放电。

如图1-12所示，断开动力蓄电池输入高压控制盒线束，并使用万用表测量电压。确保动力蓄电池母线无电后进行后续操作。

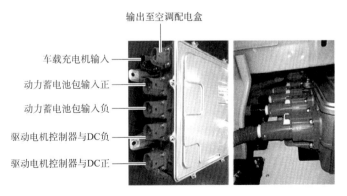

图1-12 高压控制盒动力蓄电池包输入母线（正、负）位置

六 评估

活动总结

请根据工作过程撰写技术总结。

_____技术总结
1. 新能源汽车的高压安全要求
2. 新能源汽车车间防护设备种类
3. 新能源汽车高压电气维修操作规范
4. 基本的操作流程
5. 操作经验和不足

📖 活动评价

1. 结果检验

序号	检查项目	结果（打√或×）
1	高压安全防护工具穿戴整齐	
2	高压维修工具检查无误	
3	车辆完成下电	
4	实施过程中操作规范	
5	执行企业安全生产制度、环保管理制度以及"8S"管理规定	

2. 根据下表进行自评、互评、教师评价

新能源汽车高压下电操作流程		实习日期：		
姓名：	班级：	学号：	教师签名：	
自评：□熟练 □不熟练	互评：□熟练 □不熟练	师评：□合格 □不合格		
日期：	日期：	日期：		
新能源汽车高压下电流程操作【评分细则】				
序号	评分项	得分条件	分值(分)	评分要求	自评	互评	师评

序号	评分项	得分条件	分值(分)	评分要求	自评	互评	师评
1	安全/8S/态度	□能进行工位"8S"操作 □能进行工具安全检查 □能进行工具清洁、校准、存放操作 □能进行三不落地操作	15	未完成1项扣3分，扣分不得超过15分	□熟练 □不熟练	□熟练 □不熟练	□合格 □不合格
2	专业技能能力	□能正确地检查高压安全防护用具 □能正确地检查绝缘维修工具 □能正确地检查新能源汽车高压检测工具 □能正确地进行高压下电操作	50	未完成1项扣5分	□熟练 □不熟练	□熟练 □不熟练	□合格 □不合格
3	工具及设备的使用能力	□能正确地穿戴高压安全防护用具 □能正确地使用绝缘维修工具 □能正确地使用检测工具	10	未完成1项扣3分，扣分不得超过10分	□熟练 □不熟练	□熟练 □不熟练	□合格 □不合格
4	资料、信息查询能力	□能正确地使用维修手册查询资料 □能正确地记录所需维修信息	10	未完成1项扣3分	□熟练 □不熟练	□熟练 □不熟练	□合格 □不合格

续上表

序号	评分项	得分条件	分值(分)	评分要求	自评	互评	师评
5	数据判断和分析能力	□能判断高压安全防护用品是否正常 □能判断绝缘工具和检测工具是否正常 □能正确判断车辆是否完全下电	10	未完成1项扣3分	□熟练 □不熟练	□熟练 □不熟练	□合格 □不合格
6	表单填写报告的撰写能力	□字迹清晰 □语句通顺 □无错别字 □无涂改 □无抄袭	5	未完成1项扣1分,扣分不得超过5分	□熟练 □不熟练	□熟练 □不熟练	□合格 □不合格
总分:							
小组评语及建议			组长签名: 年 月 日				
教师评语及建议			教师签名: 年 月 日				

学习活动2 新能源汽车高压系统部件的识别与基本检查

一 资讯

情景描述 >>>

近期,某比亚迪新能源汽车4S店机修组招聘了一批新员工,作为店里具有丰富维修经验且具备高超维修技术的车间主任小赵,接到一工作任务:由于新能源汽车结构和传统的燃油汽车区别较大,无法按照传统的维修方式进行检修,同时,新员工对于新能源汽车的维修经验尚浅。根据上岗要求,需带领新员工完成对新能源汽车高压系统部件的识别与基本检查。如果你是小赵,应该如何带领员工学习操作呢?

任务要求 >>>

请你根据任务情境描述,在规定的时间内,完成新能源汽车高压系统部件的识别与基本检查。

(1)请列出需要和组长沟通的内容。
(2)完成新能源汽车高压系统部件基本检查流程编写,填写好任务委托书。
(3)根据情境描述的任务,查阅资料,制订一份新能源汽车高压系统部件的识别与基本检查所示方案,并全面而细致地说明采取此方案的理由。
(4)查阅维修手册,完成对新能源汽车高压系统部件的识别与基本检查。
(5)请列出在新能源汽车高压系统部件的识别与基本检查过程中需要注意的事项。

建议学时

8学时

 计划

知识链接

比亚迪·秦高压电器分布

1. 新能源汽车高压系统的认知

1)新能源汽车高压系统组成

(1)动力蓄电池。

新能源汽车的整车动力来源是动力蓄电池。动力蓄电池的电压一般为100~400V的高压,其输出电流能够达到300A。目前锂离子动力蓄电池是主流产品,受目前技术的影响,当前绝大多数的新能源汽车均采用锂离子动力蓄电池,如图1-13所示。

(2)驱动电机。

驱动电机以车载电源为动力,将电能转化为机械能,通过传动装置或直接驱动汽车车轮行驶。与传统燃油汽车的发动机(将燃料燃烧的化学能转化为机械能)不同,其工作效率更高,能达到85%以上。因此,相比传统燃油汽车,其能量利用率更高,能够减少资源的浪费,驱动电机如图1-14所示。

图1-13 锂离子动力蓄电池

图1-14 驱动电机

(3)高压电控总成。

比亚迪e5的高压电控总成是一个多功能集成部件,它集成了电机控制机、车载充电机、DC/DC变换器、高压配电模块和漏电传感器的功能。它可以接收制动踏板位置

图1-15 高压电控总成

传感器、节气门位置传感器、驻车位置传感器、充电枪及充电座温度传感器、电机温度传感器、巡航开关的信号,并将这些信号进行分析处理,得出驱动电机、动力蓄电池、汽车空调等系统的控制指令,并控制驱动电机、动力蓄电池和汽车空调的工作。比亚迪 e5 的高压电控总成位于汽车的前机舱内,如图1-15所示。

(4)电动压缩机。

传统燃油汽车的压缩机是通过压缩机电磁离合器的吸合,促使发动机带动压缩机运转。新能源汽车没有发动机,其压缩机通过高压电源直接驱动,如图1-16所示。

(5)PTC加热器。

传统燃油汽车上空调暖风系统的热源是引入发动机冷却后的冷却液热量,这个在新能源汽车上并不存在。因此,新能源汽车需要具备专门的制热装置,这个装置被称为空调PTC。PTC的作用就是制热,当低温时,蓄电池包需要一定的热量才能正常工作,这时就需要PTC加热器给蓄电池包进行预热。如图1-17所示。

图1-16 电动压缩机

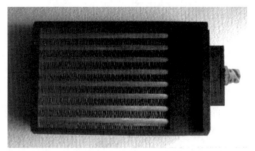

图1-17 PTC加热器

(6)DC/DC变换器。

在新能源汽车上,DC/DC变换器是一个将高压直流电转为低压直流电的装置。由于整车用电器的额定电压是低压,因此需要DC/DC变换器来将高压直流电转为低压直流电,这样才能够保持整车用电平衡。如图1-18所示。

图1-18 DC/DC变换器外部结构

(7)高压维修开关。

新能源汽车上的高压维修塞也称为高压维修开关,它可以为纯电动及混合动力电动汽车的高压电力系统维修时提供安全的维修环境,也可以对电力系统起到安全保护的作用。一般在新能源汽车维护及维修时,都要先断开高压维修开关,这可以在维修时起到防短路的保护作用,如图1-19所示。

(8)高压线束。

高压线束是高压电源传输的媒介,可以将高压系统上各个部件相连。高压线束与低压线束的区别是前者带有高压电,其输电能力对整车高压系统的稳定性影响很大,如图1-20所示。

图1-19 高压维修开关

(9)充电接口。

充电接口是指用于连接活动电缆和新能源汽车的充电部件,由充电插座和充电插头两部分构成,如图1-21所示。其中,充电插头用于新能源汽车传导充电,它与充电插座的结构耦合,并与活动电缆装配连接;充电插座是安装在新能源汽车上用于耦合充电插头的部件。

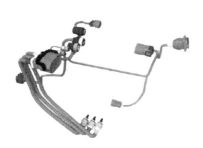

图1-20 高压线束

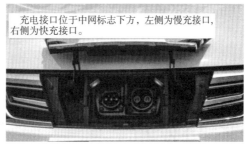

图1-21 充电接口

2)新能源汽车高压部件安装特点

(1)高压部件安装位置。

新能源汽车高压部件主要集中在驾驶室及乘客舱的外部,高压导线也沿着底盘底部布置,如图1-22所示。其动力蓄电池包、车载充电机、高压配电箱等高压部件都安装在行李舱内,而驱动电机、电动压缩机及PTC加热器等高压部件位于前机舱内。

(2)高压部件安装标识。

新能源汽车高压部件都具有明显的橙色标识或者在安装高压部件的醒目位置粘贴有高压标识,如图1-23所示。

2. 新能源汽车高压部件的识别

混合动力电动汽车的高压部件主要有动力蓄电池、驱动电机、驱动电机控制器及DC/DC总成、高压配电箱、空调配电盒、电动压缩机、PTC加热器、维修开关、车载充电机及交流充电口、高压线束等。比亚迪·秦的高压部件主要集中在行李舱、前机舱、汽车底盘、乘客舱和汽车头部 5 个位置,如图 1-24 所示。

图 1-22　高压部件布置

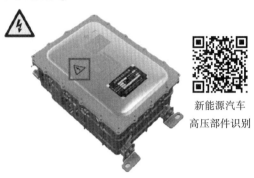

新能源汽车高压部件识别

图 1-23　驱动电机控制器高压标识

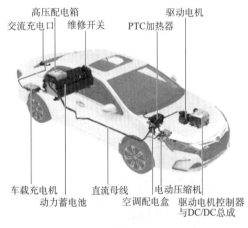

图 1-24　高压部件位置

1)行李舱高压部件(图 1-25)

行李舱高压部件包括动力蓄电池包、蓄电池管理控制器、高压配电箱和车载充电机。

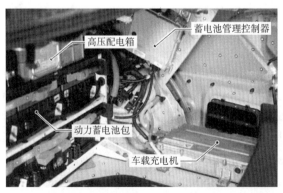

图 1-25　行李舱高压部件

2)前机舱高压部件(图 1-26(左)、(右))

前机舱高压部件包括驱动电机、驱动电机控制器与 DC/DC 总成、电动压缩机、PTC

加热器及空调配电盒和高压线束。

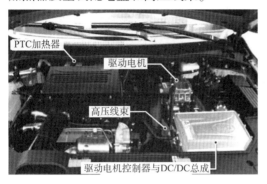
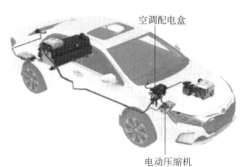

图 1-26　前机舱高压部件(左)、电动压缩机及空调配电盒位置(右)

3)乘客舱高压部件(图 1-27)

乘客舱高压部件包括维修开关和驱动电机控制器直流母线及空调高压线。

4)汽车底盘高压部件

比亚迪·秦汽车底盘的高压部件是驱动电机控制器的部分直流母线及空调的部分高压线,如图 1-28 所示为高压线束保护罩,其内部包裹的是连接高压配电箱到驱动电机控制器和电动压缩机的橙色高压线束。

图 1-27　乘客舱高压部件　　　　　　图 1-28　底盘高压线束

5)汽车头部高压部件

比亚迪·秦汽车头部的高压部件是交流充电口和直流充电口。交流充电口又称慢充口(直流充电又称为快充),都位于车头车标处,用于将外部交流充电设备(充电桩的直流电)的交流电源(直流电源)连接到车辆充电回路上,如图 1-29 所示。

图 1-29　交流充电口

新能源汽车高压系统检修

任务确认

请认真阅读工作情境描述,用彩笔标记关键词,用一句话总结你需要完成的任务及要求。

工作要求

信息归纳

(1)查阅资料,了解新能源汽车高压系统部件的基本检查要求,与小组内成员讨论,归纳总结,填写在下表中。

序号	基本要求
1	
2	
3	
4	
5	

(2)根据新能源汽车高压系统部件的基本检查要求,讨论完成下面的相关内容记录,并初步编制高压安全防护检查使用实施流程。

相关内容记录
①新能源汽车高压系统部件的组成及分布位置
②新能源汽车高压系统部件检查过程注意事项
③新能源汽车高压系统部件基本检查的流程编制

新能源汽车高压下电与检验 | 学习任务一

三、决策

教师对各小组制订的检查流程方案进行点评,并进行修改完善。

优化后的实施方案

四、实施

新能源汽车高压系统部件识别与基本检查操作如下。

1.安全防护工作	
 检查绝缘垫,布置警戒线,摆放警示牌	(1)检查绝缘垫,布置警戒线,摆放警示牌
 检查绝缘手套、绝缘鞋、护目镜、安全帽	(2)绝缘手套、绝缘鞋、护目镜、安全帽外观及性能检查
 检查工具外观及性能	(3)绝缘万用表和绝缘工具箱外观及性能检查

23

续上表

	1. 安全防护工作
 穿戴防护工具	（4）穿戴防护用品，检查尺寸大小和密封效果
	2. 作业准备
 设立安全监护人	（1）设立安全监护人，实操人员持有国家安监局颁发的特种作业操作证。若实操人员暂无证书，则实训教师必须在场指导，确保人身安全
 测量绝缘垫	（2）检查并铺设绝缘垫
 设立隔离栏、布置警戒线	（3）设立隔离栏，布置警戒线。隔离间距保持1～1.5m

续上表

2. 作业准备	
 放置警示牌	(4)放置"高压危险""有电危险""禁止合闸"等警示牌,防止他人误碰
 检测万用表功能	(5)检查绝缘万用表测试线束及表笔是否破损折断,功能按钮是否正常显示
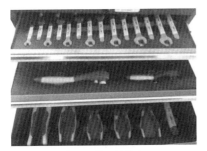 高压维修工具检查	(6)检查高压维修工具外观绝缘层是否破损,工具数量是否有缺失
3. 高压下电流程	
 记录车辆信息	(1)记录车辆VIN码和电机功率

续上表

3. 高压下电流程	
 安装车外三件套	(2)安装翼子板布、格栅布
 安装车内三件套	(3)安装转向盘套、座椅套、脚垫
 安装车轮挡块	(4)按照对角线方向,分别在前后车轮上位置安装车轮挡块
 打开车窗、拉起驻车制动器	(5)打开起动开关并落下驾驶人侧车窗,检查驻车制动器和挡位

续上表

3.高压下电流程	
  踩下制动踏板,并按下起动开关	(6)踩下制动踏板,并按下起动开关
 储存钥匙	(7)关闭车辆点火开关,将车钥匙锁入维修柜或实操人员保管,保证他人无法接触
 断开蓄电池负极  绝缘胶带包裹负极线	(8)低压蓄电池负极断开后需绝缘处理

续上表

3.高压下电流程	
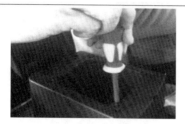 拆卸维修开关挡板  拔出维修开关  储存维修开关	（9）使用高压维修工具拆卸维修开关遮板固定螺栓，佩戴维修手套拆下维修开关，将维修开关锁入维修柜安全存放；并在拆除后的相应位置放置标有"有电危险"的警示牌，等待10min
4.高压部件的基本检查	
 动力蓄电池外观检查  动力蓄电池高压接口检查	（1）检查动力蓄电池： ①蓄电池箱体(含尾部挂梁)与车辆底盘的固定螺柱紧固。 ②蓄电池箱体(含尾部挂梁)与车辆底盘的固定螺柱腐蚀破损。 ③高压连接器公插与母插清洁度/腐蚀/破损。 ④低压连接器公插与母插连接可靠性。 ⑤低压连接器公插与母插清洁度/腐蚀/破损。 ⑥蓄电池箱箱体划痕/腐蚀/变形破损。 ⑦蓄电池下箱体底部防石击胶划痕腐蚀/破损。 ⑧检查蓄电池状态参数/SOC/温度/cell 电压。 ⑨检查 Pack 绝缘阻值

续上表

4.高压部件的基本检查	
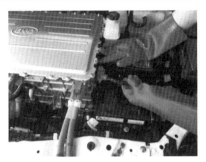 检查高压配电总成	（2）检查高压配电总成： ①清洁。 ②高、低压接插件表面完好无破损，牢固。 ③接地线牢固无松动。 ④高压配电总成安装牢固、无松动
 检查、清洁电动机外观  检查水泵及相关电路  检查电动机低压线束	（3）检查、检测驱动电机： ①清洁。 清洁电机外壳体，保证无水渍、泥垢。 ②电机水冷系统。 a.检查管路有无老化、渗漏。 b.检查水泵是否有冷却液渗漏。 ③电机机械连接紧固。 检测螺栓上的漆标，若漆标位置有移动则对螺栓进行紧固，若无则不做要求。 ④接地线连接。 电机接地线部位的接地电阻不大于0.10Ω

续上表

4.高压部件的基本检查	
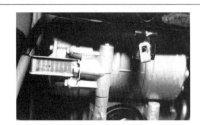 检查空调压缩机  检查 PTC 加热器	(4)检查空调压缩机及 PTC 加热器： ①清洁。 ②高、低压接插件表面牢固、完好、无破损。 ③接地线牢固无松动。 ④空调压缩机及 PTC 加热器安装牢固、无松动
 检查快充口、慢充口	(5)检查快充和慢充口： ①清洁。 ②高、低压接插件表面牢固完好、无破损。 ③接地线牢固无松动。 ④快充和慢充口安装牢固、无松动。 ⑤上电后进行充电测试
  恢复工位	(6)恢复现场： 按 8S 管理要求整理

五、检查

再次对新能源汽车高压系统部件进行基本检查,确保使用时充分保障人身安全。

1)测量前的操作

(1)将点火开关挡位旋至 OFF 挡。

(2)做好车辆安全准备工作。

(3)断开低压蓄电池负极电缆。

2)高压部件的检查

(1)行李舱内的高压部件:动力蓄电池包、电池管理控制器、高压配电箱和车载充电机。

(2)发动机舱内高压部件:驱动电机、驱动电机控制器与 DC/DC 总成、电动压缩机、PTC 水加热器及空调配电盒和高压线束。

(3)乘客舱内高压部件:维修开关和驱动电机控制器直流母线及空调高压线。

(4)底盘高压部件。

(5)汽车车头高压部件:快充口和慢充口。

六、评估

请根据工作过程撰写技术总结。

_____技术总结
1.新能源汽车高压系统部件检查要求
2.新能源汽车高压系统部件基本的检查操作流程
3.操作经验和不足

1. 结果检验

序号	检查项目	结果(打√或×)
1	高压系统部件检查步骤及结果正确	
2	高压系统部件名称识读正确	
3	实施过程中操作规范	
4	执行企业安全生产制度、环保管理制度以及"8S"管理规定	

2. 根据下表进行自评、互评、教师评价

新能源汽车高压系统部件识别与基本检查				实习日期：			
姓名：		班级：		学号：		教师签名：	
自评：□熟练 □不熟练		互评：□熟练 □不熟练		师评：□合格 □不合格			
日期：		日期：		日期：			
新能源汽车高压系统部件识别与基本检查【评分细则】							
序号	评分项	得分条件	分值(分)	评分要求	自评	互评	师评
1	安全/8S/态度	□能进行工位"8S"操作 □能进行工具安全检查 □能进行工具清洁、校准、存放操作 □能进行三不落地操作	15	未完成1项扣3分,扣分不得超过15分	□熟练 □不熟练	□熟练 □不熟练	□合格 □不合格
2	专业技能能力	□能正确地检查高压安全防护用具 □能正确地检查绝缘维修工具 □能正确地检查新能源汽车高压检测工具 □能正确地进行高压下电操作 □能正确地进行高压部件基本检查	50	未完成1项扣5分	□熟练 □不熟练	□熟练 □不熟练	□合格 □不合格
3	工具及设备的使用能力	□能正确地穿戴高压安全防护用具 □能正确地使用绝缘维修工具 □能正确地使用检测工具	10	未完成1项扣3分,扣分不得超过10分	□熟练 □不熟练	□熟练 □不熟练	□合格 □不合格

续上表

序号	评分项	得分条件	分值(分)	评分要求	自评	互评	师评
4	资料、信息查询能力	□能正确地使用维修手册查询资料 □能正确地记录所需维修信息	10	未完成1项扣3分	□熟练 □不熟练	□熟练 □不熟练	□合格 □不合格
5	数据判断和分析能力	□能判断高压安全防护用品是否正常 □能判断绝缘工具和检测工具是否正常 □能正确判断车辆是否完全下电 □能正确判断车辆高压部件是否完好	10	未完成1项扣3分	□熟练 □不熟练	□熟练 □不熟练	□合格 □不合格
6	表单填写报告的撰写能力	□字迹清晰 □语句通顺 □无错别字 □无涂改 □无抄袭	5	未完成1项扣1分,扣分不得超过5分	□熟练 □不熟练	□熟练 □不熟练	□合格 □不合格

总分:			
小组评语及建议		组长签名: 　　　　　年　月　日	
教师评语及建议		教师签名: 　　　　　年　月　日	

学习活动3 新能源汽车高压线束的识别与基本检查

一 资讯

情景描述

近期,某比亚迪新能源汽车4S店机修组招聘了一批新员工,作为店里具有丰富维修经验且具备高超维修技术的车间主任小周,接到一工作任务:由于新能源汽车结构和传统的燃油汽车区别较大,无法按照传统的维修方式进行检修,同时,新员工对于新能源汽车的维修经验尚浅。根据上岗要求,需带领新员工完成对新能源汽车高压线束的识别与基本检查。如果你是小周,应该如何带领员工学习操作呢?

任务要求

请你根据任务情境描述,在规定的时间内,完成新能源汽车高压系统线束的识别与基本检查。

(1)请列出需要和组长沟通的内容。

(2)完成新能源汽车高压系统线束基本检查流程编写,填写好任务委托书。

(3)根据情境描述的故障现象,查阅资料,制订一份新能源汽车高压线束的识别与基本检查实施方案,并全面而细致地说明采取此方案的理由。

(4)查阅维修手册,对新能源汽车高压系统线束的识别与基本检查。

(5)请列出在新能源汽车高压系统线束的识别与基本检查过程中需要注意的事项。

建议学时

8学时

二、计划

知识链接

1. 高压线束的设计要求

新能源汽车高压线束相较于传统燃油汽车线束而言,其基本组成部分大致上是相同的。一根合格的高压线束由导体、绝缘、护套、屏蔽、铝箔、包带、填充物等组成,其与普通线束的主要区别在于线束的绝缘性、耐压性以及自屏蔽性等方面,如图1-30所示。

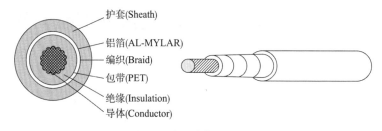

图1-30 高压线束组成材料

1)耐电压性

新能源汽车动力蓄电池额定电压通常在300V以上,甚至某些车辆的动力蓄电池电压高达600V以上,这就要求高压线束组件的绝缘材料必须具有更高的耐电压能力。

2）绝缘性

高压线束绝缘层应紧密包覆在导体上，可容易地从导体上剥离且不损伤导体。绝缘层应通过浸水 50Hz 的交流耐电压试验而不被击穿，同时应具有良好的耐高低温性、耐电弧性和耐漏电痕迹性。

2. 高压线束分布

新能源汽车运行时，反复变化的电器负荷与系统中大量采用的变频技术会造成线束电压、电流和频率的剧烈波动，产生较大的电磁干扰。高压线束为避免自身产生的电磁干扰影响到其他部件，采用了带有屏蔽功能的线缆。

以吉利帝豪 EV450 为例，整车共分为 6 段高压线束，分别是动力蓄电池高压线束、电机控制器高压线束、慢充线束、快充线束、高压附件线束和驱动电机三相线束，如图 1-31 所示。

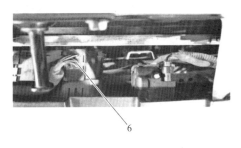

图 1-31　吉利帝豪 EV450 高压线束分布

1-高压附件线束；2-动力蓄电池高压线束；3-慢充线束；4-电机控制器高压线束；5-驱动电机三相线束；6-快充线束

1）动力蓄电池高压线束

（1）位置：连接动力蓄电池到车载充电机分线盒之间的线束。

（2）引脚定义（图1-32）。

（3）插接器插拔方法。

向上推动插接器卡扣保险，将插接器把手向上轻轻提起，两侧轻微晃动向外拔出插接器；安装时，将插接器垂直对准插座轻按，然后将把手向下轻按到位或听到轻微"咔嚓"声，向下推动卡扣保险到位。如图 1-33 所示。

图 1-32　动力蓄电池高压线束引脚

1-动力蓄电池电源正极；2-动力蓄电池电源负极；3-互锁端子

图 1-33　插接器的插拔方法

2)电机控制器高压线束

(1)位置:连接车载充电机分线盒到电机控制器之间的线束。

(2)引脚定义(图1-34)。

(3)插接器插拔方法(图1-35)。

图1-34 电机控制器高压线束引脚
1-电机控制器电源正极;2-电机控制器电源负极;3-互锁端子

3)慢充线束

(1)位置:连接慢充口到车载充电机分线盒之间的线束。

图1-35 插接器的插拔方法

(2)引脚定义(图1-36)。

(3)慢充口定义(图1-37)。

(4)插接器插拔方法(图1-38)。

首先将绿色锁舌轻轻向后拉出,然后按压锁舌上部卡扣同时向外拉出一段距离,最后按住插接器顶部锁扣并均匀左右用力向后拉出。

4)快充线束

(1)位置:连接快充口到动力蓄电池之间的线束。

(2)快充口定义(图1-39)。

图1-36 慢充线束引脚
1-车身搭铁(PE);2-交流电源(L);3-交流电源(N)

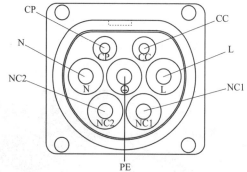

图1-37 慢充口定义

CC-充电连接确认;CP-充电控制确认;L-交流电源;N-交流电源;NC1-三相输入V线;NC2-三相输入W线;PE-车身接地(搭铁)

图1-38 插接器的插拔方法

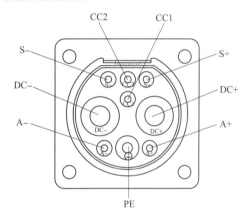

图1-39 快充口定义

DC+-直流电源正极;DC−-直流电源负极;PE-车身接地(搭铁);A−-低压辅助电源负极;A+-低压辅助电源正极;CC1-充电连接确认;CC2-充电控制确认;S+-充电通信CAN-H;S−-充电通信CAN-L

5)高压附件线束

(1)位置:连接车载充电机分线盒到电动压缩机、PTC加热器之间的线束。

(2)引脚定义(图1-40)。

(3)插接器插拔方法(图1-41)。

首先将红色锁舌轻轻向后拉出,然后按压锁舌上部卡扣均匀左右用力向后拉出。

6)驱动电机线束

(1)位置:连接电机控制器到驱动电机之间的线束。

(2)引脚定义(图1-42)。

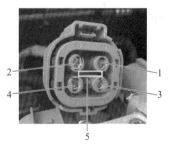

图1-40 高压附件线束引脚
1-PTC电源正极;2-PTC电源负极;
3-压缩机电源正极;4-压缩机电源负极;5-互锁端子

图1-41 插接器的插拔方法

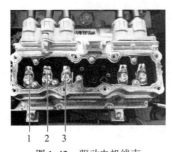

图 1-42 驱动电机线束

1-电机三相 W 脚；2-电机三相 V 脚；3-电机三相 U 脚

3. 整车高压线束分布图（如图 1-43 所示）

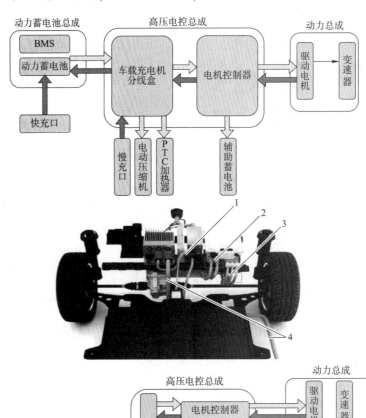

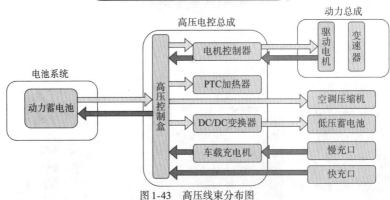

图 1-43 高压线束分布图

1-高压附件线束；2-电机控制器高压线束；3-驱动电机三相线束；4-慢充线束

4.高压线束的识别与基本检查流程

第一步:做好场地准备,检查车间高压防护用具;

第二步:检查、穿戴个人防护用具;

第三步:检查绝缘工具、仪器设备;

第四步:安装车内维修三件套、车外翼子板布;

第五步:高压断电;

第六步:识别前机舱高压线束分布位置,检查高压线束的外观有无破损及脏污;

第七步:拔下高压插接器,检查外观有无破损及脏污,说出引脚定义;

第八步:高压上电,检查车辆上电是否正常;

第九步:恢复工位。

任务确认

请认真阅读工作情境描述,用彩笔标记关键词,用一句话总结你需要完成的任务及要求。

工作要求

信息归纳

(1)查阅资料,了解新能源汽车高压线束的种类及高压线束的基本检查要求,与小组内成员讨论,归纳总结,填写在下表中。

序号	基本要求
1	
2	
3	
4	
5	

(2)根据新能源汽车高压线束的种类及高压线束的基本检查要求,讨论完成下面的相关内容记录,并初步编制高压线束检查实施流程。

新能源汽车高压系统检修

相关内容记录
①新能源汽车高压线束的种类
②新能源汽车高压线束基本检查注意事项
③新能源汽车高压线束基本检查流程的编制

三、决策

教师对各小组制订的故障检修方案进行点评,并进行修改完善。

优化后的实施方案

四、实施

新能源汽车高压线束的识别与基本检查流程如下。

1. 安全防护工作	
 检查绝缘垫,布置警戒线,摆放警示牌	(1)检查绝缘垫,布置警戒线,摆放警示牌

续上表

1.安全防护工作	
 检查绝缘手套、绝缘鞋、护目镜、安全帽	(2)绝缘手套、绝缘鞋、护目镜、安全帽外观及性能检查
 检查工具外观及性能	(3)绝缘万用表和绝缘工具箱外观及性能检查
 穿戴防护工具	(4)穿戴防护用品,检查尺寸大小和密封效果
2.作业准备	
 设立安全监护人	(1)设立安全监护人,实操人员持有国家安监局颁发的特种作业操作证。若实操人员暂无证书,则实训教师必须在场指导,确保人身安全

续上表

	2. 作业准备
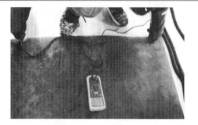 测量绝缘垫	(2)检查并铺设绝缘垫
 设立隔离栏、布置警戒线	(3)设立隔离栏,布置警戒线,隔离间距保持在1~1.5m
 放置警示牌	(4)放置"高压危险""有电危险""禁止合闸"等警示牌,防止他人误碰
 检测万用表功能	(5)检查绝缘万用表测试线束及表笔是否破损折断,功能按钮是否正常显示
 高压维修工具检查	(6)检查高压维修工具外观绝缘层是否破损严重,工具数量是否有缺失

续上表

3.高压下电流程	
 记录车辆信息	(1)记录车辆VIN码和电机功率
 安装车外三件套	(2)安装翼子板布、格栅布
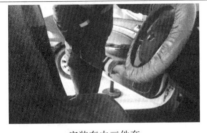 安装车内三件套	(3)安装转向盘套、座椅套、脚垫
 安装车轮挡块	(4)按照对角线方向,分别在前后车轮上位置安装车轮挡块
 打开车窗、拉起驻车制动器	(5)打开起动开关并落下驾驶人侧车窗。检查电子驻车制动器和挡位

续上表

	3.高压下电流程
  踩下制动踏板,并按下起动开关	(6)踩下制动踏板,并按下起动开关
 储存钥匙	(7)关闭车辆点火开关,将车钥匙锁入维修柜或实操人员保管,保证他人无法接触
 断开蓄电池负极  绝缘胶带包裹负极线	(8)低压蓄电池负极断开后需绝缘处理

续上表

\multicolumn{2}{c}{3.高压下电流程}	
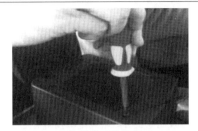 拆卸维修开关挡板  拔出维修开关  储存维修开关	（9）使用高压维修工具拆卸检修开关遮板固定螺栓，佩戴维修手套拆下检修开关。将检修开关锁入维修柜安全存放，并在拆除后的相应位置放置标有"有电危险"的警示牌，等待10min
\multicolumn{2}{c}{4.检查高压线束}	
  检查动力蓄电池到车载充电机间的线束	（1）检查连接动力蓄电池到车载充电机分线盒之间的线束： ①清洁。 ②高、低压接插件表面牢固完好、无破损。 ③接地线牢固无松动。 ④动力蓄电池高压线束安装牢固、无松动

45

续上表

	4. 检查高压线束	
	检查车载充电机到电机控制器间的线束	（2）检查连接车载充电机分线盒到电机控制器之间的线束： ①清洁。 ②高、低压接插件表面牢固完好、无破损。 ③电机控制器高压线束安装牢固、无松动
	检查慢充口到车载充电机间的线束 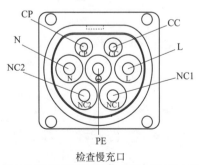检查慢充口	（3）连接慢充口到车载充电机分线盒之间的线束以及慢充口： ①清洁。 ②高、低压接插件表面牢固完好、无破损。 ③慢充线束及慢充口安装牢固、无松动

续上表

4.检查高压线束	
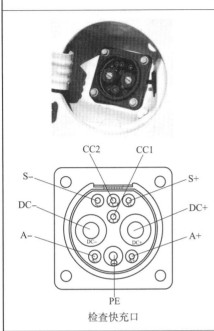 检查快充口	（4）连接快充口到动力蓄电池之间的线束以及快充口： ①清洁。 ②高、低压接插件表面牢固完好、无破损。 ③快充线束及快充口安装牢固、无松动
 检查车载充电机到电动压缩机、 PTC 加热器间的线束	（5）连接车载充电机分线盒到电动压缩机、PTC 加热器之间的线束： ①清洁。 ②高、低压接插件表面完好无破损,牢固。 ③高压附件线束安装牢固、无松动

续上表

4.检查高压线束	
 检查电机控制器到驱动电机间的线束	(6)连接电机控制器到驱动电机之间的线束： ①清洁。 ②高、低压接插件表面完好无破损，牢固。 ③驱动电机线束安装牢固、无松动
  恢复工位	(7)恢复现场： 按8S管理要求整理

五、检查

再次对新能源汽车高压系统线束进行基本检查，确保使用时充分保障人身安全。
(1)做好场地准备，检查车间高压防护用具。
(2)检查、穿戴个人防护用具。
(3)检查绝缘工具、仪器设备。
(4)安装车内维修三件套、车外翼子板布。
(5)高压断电。
(6)识别前机舱高压线束分布位置，检查高压线束的外观有无破损及脏污。
(7)拔下高压插接器，检查外观有无破损及脏污，说出引脚定义。
(8)高压上电，检查车辆上电是否正常。
(9)恢复工位。

六、评估

📋 活动总结

请根据工作过程撰写技术总结。

_____技术总结
1. 新能源汽车的高压线束种类
2. 新能源汽车高压线束检查注意事项
3. 新能源汽车高压线束基本检查流程
4. 操作经验和不足

📖 活动评价

1. 结果检验

序号	检查项目	结果（打√或×）
1	高压线束检验符合技术要求	
2	高压线束检查流程无误	
3	车辆完成下电	
4	实施过程中操作规范	
5	执行企业安全生产制度、环保管理制度以及"8S"管理规定	

2. 根据下表进行自评、互评、教师评价

新能源汽车高压系统线束识别与基本检查		实习日期：	
姓名：	班级：	学号：	教师签名：
自评：□熟练 □不熟练	互评：□熟练 □不熟练	师评：□合格 □不合格	
日期：	日期：	日期：	

新能源汽车高压系统线束识别与基本检查【评分细则】

序号	评分项	得分条件	分值(分)	评分要求	自评	互评	师评
1	安全/8S/态度	□能进行工位"8S"操作 □能进行工具安全检查 □能进行工具清洁、校准、存放操作 □能进行三不落地操作	15	未完成1项扣3分，扣分不得超过15分	□熟练 □不熟练	□熟练 □不熟练	□合格 □不合格
2	专业技能能力	□能正确地检查高压安全防护用具 □能正确地检查绝缘维修工具 □能正确地检查新能源汽车高压检测工具 □能正确地进行高压下电操作 □能正确地进行高压线束基本检查	50	未完成1项扣5分	□熟练 □不熟练	□熟练 □不熟练	□合格 □不合格
3	工具及设备的使用能力	□能正确地穿戴高压安全防护用具 □能正确地使用绝缘维修工具 □能正确地使用检测工具	10	未完成1项扣3分，扣分不得超过10分	□熟练 □不熟练	□熟练 □不熟练	□合格 □不合格
4	资料、信息查询能力	□能正确地使用维修手册查询资料 □能正确地记录所需维修信息	10	未完成1项扣3分	□熟练 □不熟练	□熟练 □不熟练	□合格 □不合格
5	数据判断和分析能力	□能判断高压安全防护用品是否正常 □能判断绝缘工具和检测工具是否正常 □能正确判断车辆是否完全下电 □能正确判断车辆高压线束是否完好	10	未完成1项扣3分	□熟练 □不熟练	□熟练 □不熟练	□合格 □不合格

续上表

序号	评分项	得分条件	分值(分)	评分要求	自评	互评	师评
6	表单填写报告的撰写能力	□字迹清晰 □语句通顺 □无错别字 □无涂改 □无抄袭	5	未完成1项扣1分,扣分不得超过5分	□熟练 □不熟练	□熟练 □不熟练	□合格 □不合格
总分:							
小组评语及建议			组长签名: 　　　　　年　月　日				
教师评语及建议			教师签名: 　　　　　年　月　日				

习题

1. 填空题

(1) 对于高于_____ V 的高压系统的上电过程至少需要100ms,在上电过程中应该采用预充电过程来避免高压冲击。

(2) 断开动力蓄电池母线后,等待约_____ min,进行放电操作,使用验电设备(如万用表)进行验电,确保动力蓄电池母线无电。

(3) 混合动力电动汽车的高压部件主要有动力蓄电池、_____、电机控制器及_____、高压配电箱、空调配电盒、_____、PTC加热器、_____、车载充电机及_____、高压线束等。

(4) 一根合格的高压线束由导体、绝缘、护套、_____、_____、填充物等组成,其与普通线束的主要区别在于线束的绝缘性、耐压性以及自屏蔽性等方面。

(5) 新能源汽车动力蓄电池额定电压通常在_____ V以上,甚至某些车辆的动力蓄电池电压达到_____ V以上,这就要求高压线束组件的绝缘材料必须具有更高的耐电压能力。

(6) 高压线束绝缘层应紧密包覆在导体上,可容易地从导体上剥离且不损伤导体。绝缘层应通过浸水_____ Hz 的交流耐电压试验而不被击穿,同时应具有良好的_____性、_____性、_____性。

2. 选择题

(1) 动力蓄电池的电压一般为(　　)V的高压,其输出电流能够达到(　　)A。
  A. 100~400;500　　B. 100~400;300　　C. 200~500;600　　D. 100~600;100

(2) 在新能源汽车上,DC/DC变换器是一个将(　　)电转为(　　)电的装置。
  A. 低压直流;高压交流　　　　　　　B. 高压交流;低压直流
  C. 高压直流;低压直流　　　　　　　D. 低压交流;高压直流

(3) 电机接地线部位的接地电阻不大于(　　)。
　　A. 0.10Ω　　　　B. 0.5Ω　　　　C. 3Ω　　　　D. 10Ω

3. 判断题

(1) 电绝缘鞋不能保证100%防护电击,在使用期限内,其避电性能应随时符合要求,因此附加测试就必不可少。　　　　　　　　　　　　　　　　　　　　(　　)

(2) 高压防护服穿用一段时间后,应对高压静电防护服进行检验或更换,若防静电性能不符合标准要求,也可偶尔作为高压静电防护服使用。　　　　　　　　(　　)

(3) 使用数字电流钳,选择合适的量程,先选小量程,后选大量程,或看铭牌值估算。　　　　　　　　　　　　　　　　　　　　　　　　　　　　　　(　　)

(4) 人体的安全电压低于60V,触电电流和持续时间乘积的最大值小于30mA·s。
　　　　　　　　　　　　　　　　　　　　　　　　　　　　　　　　　(　　)

(5) 断开低压蓄电池负极线,负极电缆接头便可不用绝缘胶布包好。蓄电池负极桩头要用盖子盖好或用绝缘胶布包好。　　　　　　　　　　　　　　　　(　　)

(6) 穿戴好绝缘防护品,先断开高压线束(母线),再断开动力蓄电池低压线束。
　　　　　　　　　　　　　　　　　　　　　　　　　　　　　　　　　(　　)

(7) 新能源汽车直流充电口为慢充口,交流充电口为快充口。　　　　(　　)

4. 简答题

(1) 绝缘拆装工具特点有哪些?

_____
_____

(2) 检测新能源汽车的高压电系统和自动断路器的工作状态及功能的参数有哪些?

_____
_____
_____

(3) 新能源汽车高压电气维修操作要求有哪些?

_____
_____
_____

5. 实操练习题

根据本任务的学习内容,分小组在工位对车辆进行高压下电操作以及对高压部件和高压线束进行基本检查。完成后各组汇报操作过程中出现的问题、需要注意的事项以及操作过程的思路和相关技术要求。

学习任务二

新能源汽车高压电控总成故障检修

学习目标

知识目标

1. 能掌握新能源汽车高压电控总成的结构及控制原理；
2. 能掌握新能源汽车高压电控总成常见故障及处理方法；
3. 能明确新能源汽车高压电控总成故障检修作业内容。

技能目标

1. 能阅读并规范填写维修工单，就车确认故障现象并记录相关信息，通过获取有效故障信息，明确新能源汽车高压电控总成检修作业的项目、内容和工期要求；

2. 能参照维修手册和前期获取的相关知识，根据厂家规定和客户要求，查阅维修手册，通过故障树、鱼骨图等方法，综合分析故障原因，从满足顾客对汽车维修质量、经济性等需求的角度制订新能源汽车高压电控总成检修方案和作业流程，并进行作业前的准备工作；

3. 能按新能源汽车高压系统检修方案，根据新能源汽车维修技术规范和作业流程，以双人合作的方式，在规定的时间内完成新能源汽车高压电控总成故障检修任务并填写维修记录。

素养目标

1. 养成做事细心、严谨的作风；
2. 提高合作意识和创新精神；
3. 养成良好的安全意识、8S 管理意识，注重节约、节能和环保。

建议学时

46 学时

学习活动

学习活动 1　电机控制器故障检修
学习活动 2　车载充电机故障检修
学习活动 3　DC/DC 变换器故障检修
学习活动 4　高压配电盒故障检修

学习活动 1　电机控制器故障检修

一　资讯

情景描述

某比亚迪新能源汽车 4S 店的高级汽车维修工小蔡接到一张任务工作单：一辆比亚迪 2019 款 e5 纯电动汽车的车主报修该车无法行驶，仪表报警灯常亮，并且报警音鸣叫。小蔡使用故障诊断仪初步检测，读出电机控制器的相关故障码，查询维修手册，其含义为与前电机控制器（FMCU）通信故障。现需进一步检修以确认故障原因，如果你是小蔡，应该如何检修该故障呢？

任务要求

请你根据任务情境描述，在规定的时间内，进行比亚迪 2019 款 e5 纯电动汽车电机控制器故障检修的方案编制和基本检查实施。

（1）请列出需要和车主沟通的内容。

（2）完成车辆的环车检查，填写好任务委托书。

（3）能就车认识电机控制器的结构和接口，并理解其工作原理。

（4）请查阅该车型的维修手册，查看比亚迪 2019 款 e5 纯电动汽车驱动电机控制系统电路图，列出可能产生的故障原因，并说明理由。

（5）查阅维修手册等资料，制订一份尽可能详细的电机控制器故障的检修方法，并全面而细致地说明采取此方案的理由。

（6）能根据计划规范完成电机控制器故障检修作业，同时列出在检修电机控制器过程中需要注意的事项。

建议学时

12 学时

二  计划

 知识链接 》》》

1. 电机控制器概述

1）电机控制器的功能

电机控制器作为整个驱动系统的控制中心，由逆变器和控制器两部分组成。逆变器接受动力蓄电池输送的直流电电能，逆变成三相交流电给汽车驱动电机提供电源。控制器接受驱动电机和其他部件的信号反馈到仪表，当汽车发生加速或者制动行为时，控制器控制变频器频率的升降，从而达到使汽车加速或减速的目的。电机控制器的主要功能包括控制车辆怠速（爬行）、控制驱动电机正转（前进）、控制驱动电机反转（倒车）、能量回收（交流电转换为直流电）和驻坡（防溜车）。

2）电机控制器的结构

电机控制器的结构如图 2-1 所示，主要由接口电路、控制板、IGBT（绝缘栅双极型晶体管）模块及驱动板、超级电容、放电电阻、电流感应器和壳体水道等组成。电机控制器的内部采用三相两电平电压源型逆变器，是驱动电机系统的控制核心，称为智能功率模块，它以 IGBT 为核心，辅以驱动集成电路和主控集成电路。

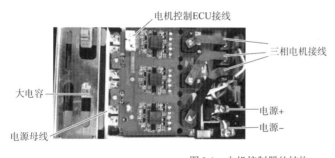

图 2-1 电机控制器的结构

2019 款比亚迪 e5 纯电动汽车动力总成采用的是三合一结构，如图 2-2 所示。电机控制器、驱动电机和主减速器在一起，电机控制高压线束采用内部连接，外部直接提供高压直流电，大大节省线束成本，代表电动化汽车动力总成的主流发展方向。

电机控制器内部电子元件的作用见表 2-1。

3）电机控制器的接口

2019 款比亚迪 e5 纯电动汽车驱动电机及其控制系统的状态和故障信息通过整车 CAN 网络上传给整车控制器（VCU），传输通道是电机控制器低压插接件 B28

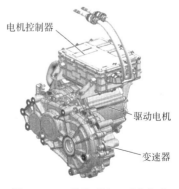

图 2-2 2019 款比亚迪 e5 动力总成

(14pin 低压插接件)，其上一共接有 9 根信号线，见表 2-2。电路原理图如图 2-3 所示。

电机控制器内部电子元件的作用　　　　　　　　　表 2-1

电子元件	作用
超级电容	在纯电动汽车上电时充电，在驱动电机起动时保持电压稳定，防止因驱动电机起动时电流太大造成对动力蓄电池的冲击
放电电阻	在断开高压电路时，通过电阻给电容放电；在放电电路故障时，在报送放电超时故障的同时切断高压供电
IGBT 模块	是由 BJT(双极型晶体管)和 MOSFET(绝缘栅型场效应管)组成的复合全控型电压驱动式功率开关器件，兼有 MOSFET 的高输入阻抗和 GTR(功率晶体管)的低导通压降两方面的优点。根据控制器主板的指令，将输入的高压直流电流逆变成频率可调的三相交流电流，供给配电的三相永磁同步电机使用。在能量回收过程中对三相交流电流进行整流

14pin 低压插件端口及针脚定义　　　　　　　　　表 2-2

接插件引脚	端口名称	端口定义	备注
1	12V 电源地	DND-IN	—
2	—	—	—
3	CANH 2	预留 CAN	预留 CAN 高
4	CANL 2	预留 CAN	预留 CAN 低
5	碰撞信号	CRASH_IN	PWM
6	12V 电源地	DND-IN	—
7	—	—	—
8	碰撞信号地	EARTH-1	—
9	CAN 高	CANH	动力网 CAN 高
10	12V 电源正	+12V	—
11	12V 电源正	+12V	—
12	—	—	—
13	CAN 屏蔽地	EARTH	—
14	CAN 低	CANL	动力网 CAN 低

2. 电机控制器的工作原理

电机控制器由控制器和逆变器两部分组成，接受 VCU 的指令，将动力蓄电池的高压直流电压逆变成电压、频率、相序可调的三相交流电，控制电机的电压或电流，实现对驱动电机的转速、转矩和旋转方向的控制。电机控制器对所有的输入信号进行处理，并将驱动电机控制系统运行状态信息通过网络发送给 VCU。电机控制器内含有故障诊断电路，当电机出现异常时，它会激活一个错误代码并发送给 VCU，同时也会储存该故障码和相关数据。

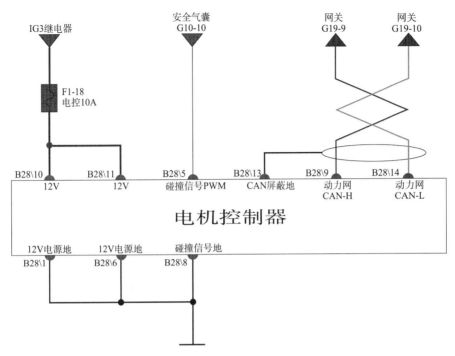

图 2-3　2019 款比亚迪 e5 纯电动汽车驱动电机控制系统电路原理图

1）电机控制器的控制原理

电机控制器依靠内置旋转变压器、温度传感器、电流传感器、电压传感器等来提供驱动电机系统的工作信息，并将驱动电机的运行状态信息实时发送给 VCU。

（1）旋转变压器的工作原理。

旋转变压器（图 2-4）又称解析器，安装在驱动电机上，用来测量旋转物体的转轴角位移和角速度。旋转变压器结构上包括传感器线圈和信号齿圈两个部分，传感器线圈固定在壳体上，信号齿圈固定在转子上。传感器线圈由励磁、正弦和余弦三组线圈组成。

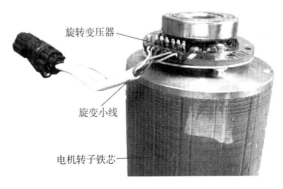

图 2-4　旋转变压器

旋转变压器的工作原理和普通变压器的工作原理基本相似，主要区别在于普通变压器的一次、二次绕组是相对固定的,所以其输出电压和输入电压之比是常数,而旋转变压器的一次、二次绕组随转子的角位移发生相对位置的改变,因而其输出电压的大小随转子角位移而发生变化,输出绕组的电压幅值与转子转角成正弦、余弦函数关系或保持某一比例关系。其中定子绕组作为变压器的一次侧,接受励磁电压;转子绕组作为变压器的二次侧,通过电磁耦合得到感应电压。

旋转变压器的原理简图如图 2-5 所示,一次侧作为转子,二次侧作为定子。随着两者相对角度的变化,在输出侧就可以得到幅值变化的波形。旋变输出信号幅值随位置变化而变化,但频率不变。

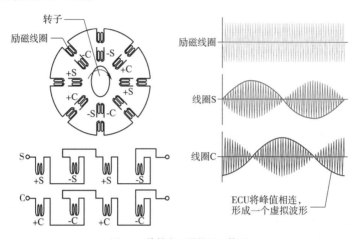

图 2-5　旋转变压器的原理简图

(2) 温度传感器的作用。

温度传感器的作用是检测驱动电机绕组温度,并将信息提供给电机控制器,再由电机控制器通过 CAN 线传给 VCU,进而控制水泵工作、水路循环、冷却电子扇工作,调节驱动电机的工作温度。

2) 电机控制器的逆变原理

电机控制器的逆变器接收动力蓄电池输送的直流电电能,逆变成三相交流电给汽车的驱动电机提供电能。逆变器的内部电路如图 2-6 所示。

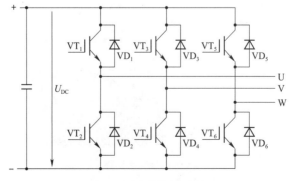

图 2-6　逆变器的内部电路

如图 2-7 所示,逆变器的 6 个 IGBT 会从 $VD_1 \sim VD_6$ 依次间隔 60°的顺序导通或关断,U、V、W 三相的相位差为 120°,因而第一相(U 相)上桥臂导通或关断时刻间隔 120°的 IGBT 为第二相(V 相)的上桥臂,和第二相(V 相)上桥臂导通或关断时刻间隔 120°的 IGBT 为第三相(W 相)的上桥臂,一个周期的正弦交流电所经过的角度是 360°。每一相间隔 120°的循环输出产生交流电,连接永磁同步电机后就会建立旋转磁场,电机转子就会旋转并对外做功,实现将电机输入的直流电变成交流电的目的。

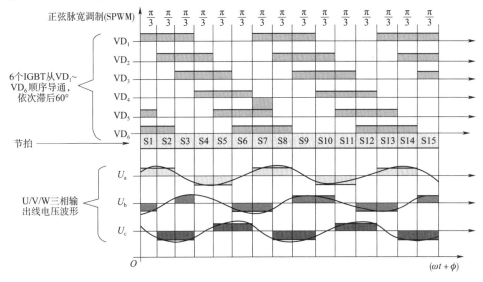

图 2-7 逆变器中 IGBT 工作时序图

3.电机控制器常见故障及其处理方法

当汽车组合仪表报出驱动电机系统故障时(一般情况不会显示具体故障,只报出"驱动电机+故障",如"驱动电机过热"或者"驱动电机冷却液过热"等),使用故障诊断仪读取由电机控制器报出的具体故障,并进行相应处理。电机控制器常见故障及其处理方法见表 2-3。

电机控制器常见故障及其处理方法　　　　　　　　表 2-3

故障现象	故障原因	处理方法
电机控制器相电流过流故障	①电机短路、转子位置信号异常、相电流信号异常等引起电流畸变; ②电机控制器损坏(硬件故障)	①检查高压回路; ②更换 MCU
电机控制器直流母线过压故障	①电机系统突然大功率充电过压故障; ②发电状态下高压回路非正常断开	分析整车数据,如果总线电压报文与实际电压不符,则需要检查高压供电回路、高压主继电器、高压插件有无异常
电机控制器直流母线欠压故障	①电机系统突然大功率放电; ②电池 SOC 低; ③发电状态下高压回路正常断开	①检查电池 SOC; ②检查高压供电回路

续上表

故障现象	故障原因	处理方法
电机控制器位置信号检测回路故障	①旋变线束损坏； ②旋变解码硬件电路损坏	优先检查旋变线束、低压插接件，若线束和插接件均正常，则可能电机控制器存在硬件故障或软件版本问题，需更换
与整车控制器通信丢失故障	①未收到整车控制器信号； ②网络干扰严重； ③线束问题	检查低压线束连接是否正常；检查CAN网络通信是否正常；更换电机控制器
MCU EEPROM 故障	① MCU 内 EEPROM 芯片损坏或相关硬件电路故障； ② MCU 内 EEPROM 虚焊故障； ③ MCU 内部 PCB 抗电磁干扰性能差	如果重新上电，车辆恢复正常，则将信息反馈给技术中心；如果车辆不能恢复正常，则更换电机控制器

任务确认

1. 明确工作任务

请认真阅读信息页中工作情境描述，用彩笔标记关键词，用一句话总结你需要完成的任务及要求。

工作要求

2. 环车检查

比亚迪汽车服务店健诊报告单

车牌_____的车主，您好！我们已为您车辆进行全面健康检查，检查结果如下，请您查阅！

健诊项目		免检	正常	异常	已排除
VDS 程序扫描		○	○	○程序需更新　○车辆有故障	○
▲模式转换	EV、HEV	○	○	○不能转换	○
	EV（ECO、SPORT）	○	○	○不能转换	○
	HEV（ECO、SPORT）	○	○	○不能转换	○
▲充电口簧片		○	○	○建议更换	○
▲高压部件		○	○	○建议更换	○

续上表

健诊项目			免检	正常	异常	已排除
▲动力蓄电池			○	○	○刮擦凹陷深度　　　mm　○故障码　○建议更换	○
车辆灯光			○	○	○(　　)灯故障　○建议更换灯泡　○建议更换总成	○
空气滤芯			○	○	○建议更换	○
空调滤芯			○	○	○建议更换	○
制动踏板限位垫			○	○	○建议更换	○
转向助力泵油液液位			○	○	○缺少　○建议更换	○
制动液	油壶液位		○	○	○缺少	○
	油质颜色		○	○	○建议更换	○
冷却液液位			○	○	○缺少　○建议更换	○
发动机皮带及附件			○	○	○皮带松旷　○皮带老化、开裂、磨损严重	○
胎压	前	左(　　)kPa, 右(　　)kPa	○	○	○气压偏低或高	○
	后	左(　　)kPa, 右(　　)kPa	○	○	○气压偏低或高	○
	备用轮胎(　　)kPa		○	○	○气压偏低或高	○
轮胎	划伤情况		○	○	○建议更换	○
	鼓包情况		○	○	○建议更换	○
胎纹深度	前	左(　　)mm, 右(　　)mm	○	○	○建议更换	○
	后	左(　　)mm, 右(　　)mm	○	○	○建议更换	○
	备用轮胎(　　)mm		○	○	○建议更换	○
摩擦块厚度	前	左(　　)mm, 右(　　)mm	○	○	○建议更换	○
	后	左(　　)mm, 右(　　)mm	○	○	○建议更换	○
制动系统	制动盘		○	○	○表面有裂纹　○过度磨损　○跳动异常	○
车轮螺母力矩			○	○	○力矩不正常	○
变速器滤清器盖罩			○	○	○磨损	○
底盘检查			○	○	○油液泄漏　○磕碰损伤　○螺栓松动	○
建议				检查日期	年　　月　　日　　时　　分	
				技师签名		

3. 故障现象确认

(1) 上电观察组合仪表 OK 指示灯是否点亮？

(2) 观察组合仪表哪些故障指示灯点亮_____。

进一步确认故障现象为：_____。

故障信息 >>>

(1) 连接故障诊断仪 VDS2100，执行上电操作。打开故障诊断仪，进入数据总线诊断接口，读取并记录相关故障代码与数据流。车辆下电后清除故障码，车辆再次上电后，使用故障诊断仪再次读取故障码并和之前的故障码进行对比，分析故障码的性质。

故障代码	故障含义
数据流	数据流相应参数

(2) 查阅维修手册或维修资料，并在下方图框处画出 2019 款比亚迪 e5 纯电动汽车驱动电机控制系统的电路原理图。

(3) 根据电路图分析 2019 款比亚迪 e5 纯电动汽车驱动电机控制系统的故障原因，讨论并完成下面的故障分析图，并编制电机控制器故障基本检查实施方案。

相关内容记录
①故障现象记录
②故障原因分析
③检修方案编制

三、决策

教师对各小组制订的故障检修方案进行点评,并进行修改完善。

优化后的实施方案

四、实施

电机控制器故障检修流程如下。

电机控制器故障检修

1. 验证故障现象	
 踩下制动踏板,并按下起动开关,观察仪表	踩下制动踏板,并按下起动开关,观察仪表提示信息及警告灯。 提示:主要是留意仪表提示信息
2. 安全防护工作	
 检查绝缘垫,布置警戒线,摆放警示牌	(1)检查绝缘垫,布置警戒线,摆放警示牌

续上表

| 2. 安全防护工作	
 检查绝缘手套、绝缘鞋、护目镜、安全帽	(2)绝缘手套、绝缘鞋、护目镜、安全帽外观及性能检查
 检查工具外观及性能	(3)绝缘万用表和绝缘工具箱外观及性能检查
  铺设车内外三件套	(4)铺设翼子板防护垫、汽车维修三件套、脚垫
| 3. 系统检测	
 连接诊断仪	(1)连接诊断仪。 提示:诊断接口位于驾驶人仪表板的下部

续上表

3.系统检测	
 踩下制动踏板,并按下起动开关	(2)踩下制动踏板,并按下起动开关
 读取故障码	(3)读取故障码。 提示:读取时先扫描所有模块
4.线路及元器件检测	
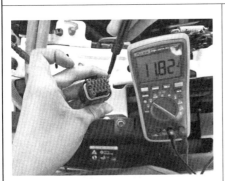 测量电机控制器供电电压	(1)测量电机控制器供电电压 B28-10 端子对地电压。 提示:①ON 挡测电压; 　　　②断开插头前需整车断电(OFF 挡断蓄电池负极)

续上表

	4.线路及元器件检测
 测量电机控制器供电线路电阻	(2)测量电机控制器供电线路 B28-10 端子对地电阻值。 提示:断电测电阻
 测量电机控制器搭铁线路对地电阻	(3)测量电机控制器搭铁线路 B28-1 端子对地电阻。 提示:断电测电阻
 测量电机控制器 CAN H 线路电阻	(4)测量电机控制器 CAN H B28-14 至充配电总成 BK45（B）-17 线路电阻。 提示:测量时断开两边插头
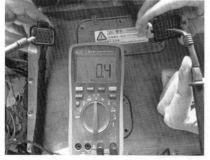 测量电机控制器 CAN L 线路电阻	(5)测量电机控制器 CAN L B28-9 至充配电总成 BK45（B）-16 线路电阻。 提示:测量时断开两边插头

续上表

	4.线路及元器件检测	
 排放冷却液		（6）线路测量正常，考虑电机控制器总成内部故障，对电机控制器总成进行检修，拆卸前需排放冷却液。 提示：排放时小心冷却液飞溅
 充配电总成外部线束及水管拆卸		（7）拆卸充配电总成外部线束及水管拆卸。 提示：①拆卸前需验电； 　　　②注意拆卸方法及防护手套的佩戴
 充配电总成拆卸		（8）拆卸充配电总成。 提示：注意拆卸螺栓顺序
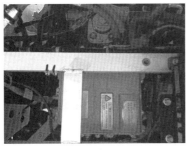 检查电机控制器总成		（9）检查电机控制器总成。 提示：检查线束连接情况

续上表

4.线路及元器件检测	
 检查电机控制器低压插头	(10)检查电机控制器低压插头，发现B28 CAN L端子缺失（折断），修复总成低压插头。 提示：①注意端子定义； ②若端子正常，则可开盖检修电机控制器内部线路，如有故障，更换电机控制器
5.验证故障	
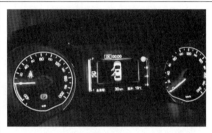 观察仪表	(1)打开点火开关，踩制动踏板，观察仪表是否正常
 观察故障码	(2)连接诊断仪，清除故障码，观察故障码是否已经清除

五、检查

用故障诊断仪VDS2100读取故障代码，根据诊断仪读出故障类型。
(1)关闭点火开关。
(2)将故障诊断仪连接到汽车故障诊断接口(U31)。
(3)按照诊断仪上的提示读出故障代码(DTC)。

(4)清除故障码。

(5)再次读取故障码(是否依然存在故障码,在相应的横线上打√)。

　　　是＿＿＿＿＿＿＿＿＿＿＿＿＿否＿＿＿＿＿＿＿＿＿＿＿＿＿

(6)验证能否正常上电、行驶及仪表有无故障警报灯。

(7)整理,恢复作业场地。

六　评估

活动总结

请根据工作过程撰写技术总结。

＿＿＿＿＿＿＿＿＿＿技术总结
1. 故障现象
2. 故障原因
3. 基本检修过程
4. 操作经验和不足

新能源汽车高压系统检修

活动评价

1. 结果检验

序号	检查项目	结果(打√或×)
1	维修后故障代码读取,并填写读取结果,与原故障码相关的动态数据检查结果,维修后的功能确认并填写结果	
2	电机控制器故障是否排除	
3	实施过程中操作规范	
4	执行企业安全生产制度、环保管理制度以及"8S"管理规定	

2. 根据下表进行自评、互评、教师评价

电机控制器故障检修		实习日期:		
姓名:	班级:	学号:		教师签名:
自评:□熟练 □不熟练	互评:□熟练 □不熟练	师评:□合格 □不合格		
日期:	日期:	日期:		
电机控制器故障检修【评分细则】				

序号	评分项	得分条件	分值(分)	评分要求	自评	互评	师评
1	安全/8S/态度	□能进行工位"8S"操作 □能进行设备和工具安全检查 □能进行车辆安全防护操作 □能进行工具清洁、校准、存放操作 □能进行三不落地操作	15	未完成1项扣3分,扣分不得超过15分	□熟练 □不熟练	□熟练 □不熟练	□合格 □不合格
2	专业技能能力	□能正确描述电机控制器故障现象 □能正确分析电机控制器故障原因 □能正确完成电机控制器故障检修流程	50	未完成1项扣5分	□熟练 □不熟练	□熟练 □不熟练	□合格 □不合格
3	工具及设备的使用能力	□能正确地使用维修工具	10	未完成1项扣3分,扣分不得超过10分	□熟练 □不熟练	□熟练 □不熟练	□合格 □不合格
4	资料、信息查询能力	□能正确地使用维修手册查询资料 □能正确地记录所需维修信息	10	未完成1项扣3分	□熟练 □不熟练	□熟练 □不熟练	□合格 □不合格

续上表

序号	评分项	得分条件	分值(分)	评分要求	自评	互评	师评
5	数据判断和分析能力	□能判断电机控制器元件好坏 □能判断电机控制器控制线路好坏	10	未完成1项扣3分	□熟练 □不熟练	□熟练 □不熟练	□合格 □不合格
6	表单填写报告的撰写能力	□字迹清晰 □语句通顺 □无错别字 □无涂改 □无抄袭	5	未完成1项扣1分,扣分不得超过5分	□熟练 □不熟练	□熟练 □不熟练	□合格 □不合格
总分:							
小组评语及建议			组长签名: 　　　　　　　年　月　日				
教师评语及建议			教师签名: 　　　　　　　年　月　日				

学习活动 2　车载充电机故障检修

一、资讯

情景描述

某新能源汽车 4S 店接了一辆 2019 款比亚迪 e5 纯电动汽车。经过询问以及客户反映,该车无法进行慢充充电,仪表盘上充电连接指示灯正常点亮,充电功率显示 0kW。经过修理工检查,该车车载充电机内部主控板损坏,需要更换车载充电机,你能正确进行车载充电机故障的检修吗?

任务要求

请你根据任务情境描述,在规定的时间内,进行 2019 款比亚迪 e5 纯电动汽车车载充电机故障检修的方案编制和基本检查实施。

(1)请列出需要和车主沟通的内容。
(2)完成车辆的环车检查,填写好任务委托书。

(3)能就车认识车载充电机的结构和接口,并理解其工作原理。

(4)请查阅该车型的维修手册,查看2019款比亚迪e5纯电动汽车交流充电系统电路图,列出可能产生的故障原因,并说明理由。

(5)查阅维修手册等资料,制订一份尽可能详细的车载充电机故障的检修方法,并全面而细致地说明采取此方案的理由。

(6)能根据计划规范完成车载充电机故障检修作业,同时列出在检修车载充电机过程中需要注意的事项。

建议学时

11学时

计划

知识链接

1. 车载充电机的作用

车载充电机(简称OBC)又称为交流充电机,安装在车上的充电机是新能源汽车慢充充电系统的重要组成部分,其可将民用的220V、50Hz的交流电转换为动力蓄电池所需要的高压直流电,实现动力蓄电池的电量补充。为能够实现新能源汽车动力蓄电池安全、可靠、自动地充满电,车载充电机依据整车控制器(VCU)和蓄电池管理系统(BMS)提供的数据,自动调节充电电流或充电电压等参数,从而满足动力蓄电池的充电需求,以完成充电任务。车载充电机工作不良或损坏会导致车辆不能充电或充电不足等故障。

大多数车型的车载充电机主要安装在整车前机舱内,2019款比亚迪e5纯电动汽车车载充电机与DC/DC变换器、高压配电盒集成在一起,合称"充配电三合一",如图2-8所示。有些纯电动汽车将车载充电机安装在车辆动力蓄电池附近(车辆后部),2019款比亚迪e5纯电动汽车车载充电机安装位置,如图2-9所示。

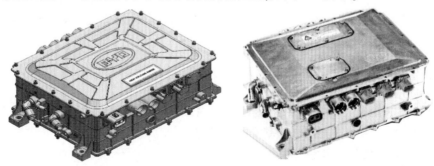

图2-8　充配电总成

图2-9　2019款比亚迪e5纯电动汽车车载充电机安装位置

车载充电机将外界的交流电转化为动力蓄电池所需要的直流电,并完成与电源和动力蓄电池之间的协调与控制,其功能如图2-10所示。

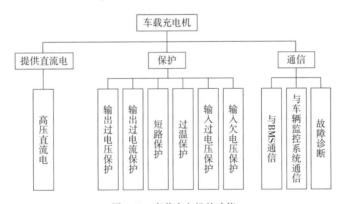

图2-10　车载充电机的功能

2. 车载充电机的结构

1）车载充电机外部结构

车载充电机上游连接慢充口,下游连接高压控制盒-动力蓄电池包,同时与整车控制器VCU、电源管理系统BMS等进行通信。为了保持车载充电机中各电子元件不被烧坏,外部设有直流输出端子、交流输入端子、低压通信端子、散热片和散热风扇。车载充电机外部结构如图2-11所示。

(1) 直流输出端子。

直流输出端子与动力蓄电池包高压母线输出HV＋、HV－端子共用,该端子接口通过高压控制盒与动力蓄电池的直流输出接口连接,采用"线鼻子"相连接的方式,如图2-12所示。

(2) 交流输入端子。

该端子接口通过高压线与慢充充电口连接,如图2-13所示。端口1与慢充口的L端(交流相线)相连;端口2与慢充口的N端(交流零线)相连接;端口3与慢充口的PE

端(地线)相连接;端口 4 为空脚;端口 5 与慢充口的 CC 端(充电连接确认线)相连接;端口 6 与慢充口的 CP 端(控制确认线)相连接。

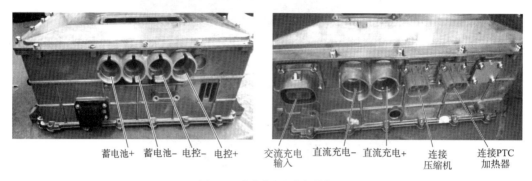

图 2-11 车载充电机外部结构

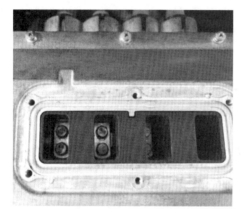

图 2-12 直流输出端子

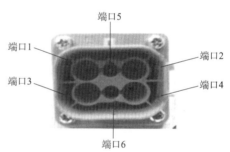

图 2-13 交流输入端子

2)车载充电机内部结构

车载充电机内部主要由主电路、控制电路、线束及标准件三部分组成,如图 2-14 所示,每个部分的功能见表 2-4。

图 2-14 2019 款比亚迪 e5 纯电动汽车车载充电机内部结构

车载充电机的内部结构及其功能　　　　　表2-4

内部结构	功能
主电路	将交流电转换为恒定电压的直流电;将直流电变换为合适的电压及电流供给动力蓄电池
控制电路	控制金属氧化物半导体场效应晶体管(MOS管)的开关;与BMS之间通信;监测充电机的状态;与充电桩握手等
线束及标准件	用于主电路及控制电路的连接,固定元器件及电路板

3)车载充电机低压通信控制端子

2019款比亚迪e5纯电动汽车交流充电系统的状态和故障信息通过整车CAN网络上传给整车控制器(VCU),传输通道是充配电总成B74(33pin低压插接件),其上一共接有19根信号线,与交流充电系统相关的有14根线,见表2-5。电路原理图如图2-15所示。

33pin低压插件端口及针脚定义(交流充电系统)　　　　　表2-5

接插件引脚	端口名称	端口定义	备注
1	OFF-12V-1	常电1	—
2	OFF-12V-1	常电2	—
3	GND	常电电源地1	—
4	CC	充电连接确认	—
5	CP	充电控制导引	—
6	CC-BMC	充电连接信号	—
7	T-CDK	充电口温度检测	—
12	DCHS-IN	高压直流互锁输入	高压互锁
13	DCHS-OUT	高压直流互锁输出	
14	ACHS-IN	交流高压互锁输入	
15	ACHS-OUT	交流高压互锁输出	
16	CAN H	动力网CAN线	动力网CAN高
17	CAN L	动力网CAN线	动力网CAN低
19	GND	常电电源地2	—

3. 车载充电机工作原理

1)车载充电机电压转换过程

车载充电机在对车辆进行充电时,首先将民用的220V交流电整流成稳定的直流电压;然后通过高频开关电路将直流电转换为高频交流电;再将高频交流电转换为合适的交流电压;最后通过整流得到合适的直流充电电压。

车辆在慢充充电过程中,由于采用高频电路转换电压,不采用传统的变压器提升电压,所以可减小充电机体积、降低重量、提高转换效率。车载充电机电压转换过程如图2-16所示。

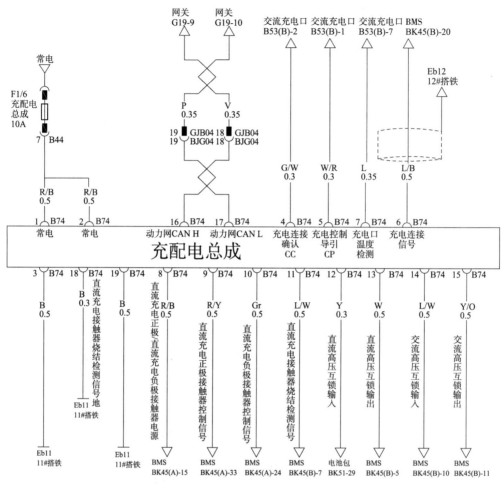

图2-15　2019款比亚迪e5纯电动汽车交流充电系统电路原理图

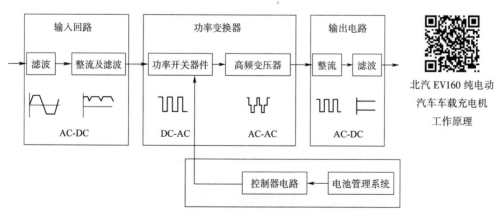

图2-16　车载充电机电压转换过程

2)车载充电机电路原理

车载充电机要达到上述电压转换过程,车载充电机需要主电路和充电机控制电路两大部分。

充电机控制电路主要是对主电路进行控制、检测、计量、计算、修正、保护以及与外界网络通信等功能,是车载充电机的"中枢大脑"。

主电路的主要作用是将220V交流电转化为充电所需的直流电电压,电源又分为PFC(有源功率因数校正电路)和LLC(谐振电路)两部分。实际上我们可以把PFC看作是AC/DC,而把LLC看作是DC/DC。电路原理图如图2-17所示。

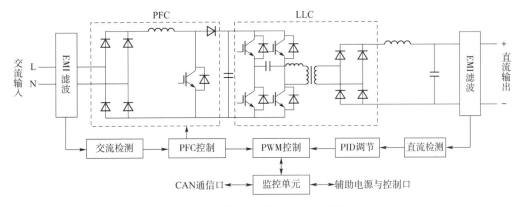

图2-17 车载充电机电路原理示意图

图中,通过EMI滤除电磁干扰波。220V三相交流电通过全桥整流电路整流成直流电。在整流过程中只有在220V交流电压的正负峰值附近二极管才导通,产生脉冲电流,造成电源功率因数降低。因此,在整流电路后面加上一个升压的boost拓扑结构。于是,通过控制PFC开关管的导通使输入电流能跟踪输入电压的变化。在这个电路中,PFC电感L在开关管导通时储存能量,在开关管截止时,电感L上感应出右正左负的电压,将导通时储存的能量通过升压二极管对大的滤波电容充电,输出能量。在此过程中将整流后的直流电压斩波成交变的高频电压。

交变的高频电压通过LLC电路中的变压器升压到合适的充电电压,再通过整流二极管整流成直流电,充入动力蓄电池中。LLC电路通过软开关技术,可以降低电源的开关损耗,提高功率变换器的效率和功率密度。

3)车载充电机的保护功能

为了保护车载充电机免受过电流、过电压损坏,其自身具有以下保护功能。

(1)输入过电压切断保护功能。

(2)输入欠电压报警和切换功能。

(3)输入过电流、欠电流切断保护功能。

(4)直流输出过电流切断保护功能。

(5)输出短路切断保护功能。

(6)输出电极接反保护功能。

在输入电压远远超过额定电压时,会烧毁车载充电机。在长时间大电流充电状态下,车载充电机会积聚大量的热量,如果散热不良会导致车载充电机启动保护功能,降低充电电流。充电电流过大或温度过高会导致充电机损坏。

车载充电机还具有以下优点。

(1)根据动力蓄电池特性设计充电曲线,可以延长动力蓄电池的寿命。

(2)使用方便,维护简单,单独对电源管理系统 BMS 进行供电,由电源管理系统 BMS 控制智能充电,无需人工值守。

(3)保护功能齐全,使用范围广,具有多重保护功能。

(4)整机温度保护为 75℃,当机内温度高于 75℃时,充电机输出电流减小,高于 85℃时,充电机停止输出。

4.车载充电机常见故障及其处理方法

车载充电机常见故障及其处理方法见表 2-6。

车载充电机常见故障及其处理方法　　　　表 2-6

故障现象	处理方法
显示车辆未连接	①检查充电枪车端 CC 与 PE 阻值是否正常; ②检查充电枪桩端 CC 与 PE 是否导通; ③检查车载充电机 CC 相关线路
充电接触器未闭合	①检查连接器是否正常连接,检查车载充电机输出唤醒是否正常; ②检查动力网通信是否正常; ③检查车载充电机、BMS 内部是否有故障
充电接触器正常闭合,但充电机无输出电流	①检查高压连接器及线缆是否正确连接及导通情况; ②检查车载充电机内部是否有故障

任务确认

1.明确工作任务

请认真阅读信息页中工作情境描述,用彩笔标记关键词,用一句话总结你需要完成的任务及要求。

工作要求

2.环车检查

比亚迪汽车服务店健诊报告单

车牌_____的车主,您好！我们已为您车辆进行全面健康检查,检查结果如下,请您查阅！

健诊项目		免检	正常	异常	已排除
VDS 程序扫描		○	○	○程序需更新　○车辆有故障	○
▲模式转换	EV、HEV	○	○	○不能转换	○
	EV（ECO、SPORT）	○	○	○不能转换	○
	HEV（ECO、SPORT）	○	○	○不能转换	○
▲充电口簧片		○	○	○建议更换	○
▲高压部件		○	○	○建议更换	○
▲动力蓄电池		○	○	○刮擦凹陷深度　　mm　○故障码　○建议更换	○
车辆灯光		○	○	○(　　)灯故障　○建议更换灯泡　○建议更换总成	○
空气滤芯		○	○	○建议更换	○
空调滤芯		○	○	○建议更换	○
制动踏板限位垫		○	○	○建议更换	○
转向助力泵油液液位		○	○	○缺少　○建议更换	○
制动液	油壶液位	○	○	○缺少	○
	油质颜色	○	○	○建议更换	○
冷却液液位		○	○	○缺少　○建议更换	○
发动机皮带及附件		○	○	○皮带松旷　○皮带老化、开裂、磨损严重	○
胎压	前 左(　　)kPa, 右(　　)kPa	○	○	○气压偏低或高	○
	后 左(　　)kPa, 右(　　)kPa	○	○	○气压偏低或高	○
	备用轮胎(　　)kPa	○	○	○气压偏低或高	○
轮胎	划伤情况	○	○	○建议更换	○
	鼓包情况	○	○	○建议更换	○
胎纹深度	前 左(　　)mm, 右(　　)mm	○	○	○建议更换	○
	后 左(　　)mm, 右(　　)mm	○	○	○建议更换	○
	备用轮胎(　　)mm	○	○	○建议更换	○

续上表

健诊项目			免检	正常	异常	已排除
摩擦块厚度	前	左( )mm, 右( )mm	○	○	○建议更换	○
	后	左( )mm, 右( )mm	○	○	○建议更换	○
制动系统		制动盘	○	○	○表面有裂纹　○过度磨损　○跳动异常	○
车轮螺母力矩			○	○	○力矩不正常	○
变速器滤清器盖罩			○	○	○磨损	○
底盘检查			○	○	○油液泄漏　○磕碰损伤　○螺栓松动	○
建议				检查日期	年　　月　　日　　时　　分	
				技师签名		

3. 故障现象确认

(1)交流充电观察组合仪表充电连接指示灯是否点亮？

(2)观察组合仪表哪些故障指示灯点亮_____。

进一步确认故障现象为：_____。

故障信息

(1)连接故障诊断仪 VDS2100,插上交流充电枪,执行充电操作。打开故障诊断仪,进入数据总线诊断接口,读取并记录相关故障代码与数据流。清除故障码后重新充电后,使用故障诊断仪再次读取故障码并和之前的故障码进行对比,分析故障码的性质。

故障代码	故障含义
数据流	数据流相应参数

(2)查阅维修手册或维修资料,并在下方图框处画出 2019 款比亚迪 e5 纯电动汽车交流充电系统的电路原理图。

（3）根据电路图分析 2019 款比亚迪 e5 纯电动汽车交流充电系统的故障原因,讨论并完成下面的故障分析图,并编制车载充电机故障基本检查实施方案。

相关内容记录
①故障现象记录
②故障原因分析
③检修方案编制

 三　决策

教师对各小组制订的故障检修方案进行点评,并进行修改完善。

优化后的实施方案

 四　实施

车载充电机故障检修流程如下。

车载充电机故障检修

1. 验证故障现象	
 插交流充电枪,观察仪表	整车 OFF 挡,连接交流充电枪,观察仪表提示的充电指示灯及信息。 提示:主要是留意仪表提示信息

续上表

2. 安全防护工作	
 检查绝缘垫,布置警戒线,摆放警示牌	(1)检查绝缘垫,布置警戒线,摆放警示牌
 检查绝缘手套、绝缘鞋、护目镜、安全帽	(2)绝缘手套、绝缘鞋、护目镜、安全帽外观及性能检查
 检查工具外观及性能	(3)绝缘万用表和绝缘工具箱外观及性能检查
 铺设车内外三件套	(4)铺设翼子板防护垫、汽车维修三件套、脚垫

续上表

3. 系统检测	
 连接诊断仪	（1）连接诊断仪。 提示：诊断接口位于驾驶人仪表板的下部
 连接充电枪	（2）保持 OFF 挡，连接充电枪
 读取故障码	（3）读取故障码。 提示：读取时先扫描所有模块
 读取数据流	（4）读取交流充电系统数据流。 提示：读取充电相关的重要信息

续上表

	4.线路及元器件检测
 检查车载充电机高压插头连接情况	(1)检查车载充电机交流侧和直流侧高压连接插接件的连接情况。 提示:①执行高压下电及验电; ②检查插接件时需佩戴绝缘手套
 测量车载充电机交流侧高压线束通断	(2)测量车载充电机交流侧高压线束电阻(OBC-充电口)。 提示:①断电测电阻; ②断开高压插头时注意佩戴绝缘手套
 拆卸车载充电机上端盖	(3)拆卸车载充电机上端盖。 提示:注意螺栓拆卸顺序
 测量车载充电机内部高压熔断丝	(4)测量车载充电机内部高压熔断丝电阻

续上表

4.线路及元器件检测	
 测量车载充电机内部线束	(5)测量车载充电机内部线束通断。 提示:若熔断丝故障则更换熔断丝,若熔断丝正常则更换充配电总成。 按照维修手册要求进行拆装及调试
5.验证故障	
 观察仪表	(1)重新连接充电枪,观察仪表显示是否能正常充电
 观察数据流	(2)连接诊断仪,重新读取充电数据流,查看是否恢复正常

五、检查

用故障诊断仪 VDS2100 读取故障代码及数据流。
(1)关闭点火开关。
(2)将故障诊断仪连接到汽车故障诊断接口(U31)。

新能源汽车高压系统检修

(3)按照诊断仪上的提示读出故障代码(DTC)。
(4)清除故障码。
(5)再次读取故障码(是否依然存在故障码,在相应的横线上打√)。
　　是_____否_____
(6)验证能否正常上电、充电、行驶及仪表有无故障警报灯。
(7)整理,恢复作业场地。

 评估

 活动总结

请根据工作过程撰写技术总结。

_____技术总结
1. 故障现象
2. 故障原因
3. 基本检修过程
4. 操作经验和不足

活动评价

1. 结果检验

序号	检查项目	结果(打√或×)
1	维修后故障代码读取,并填写读取结果,与原故障码相关的动态数据检查结果,维修后的功能确认并填写结果	
2	车载充电机故障是否排除	
3	实施过程中操作规范	
4	执行企业安全生产制度、环保管理制度以及"8S"管理规定	

2. 根据下表进行自评、互评、教师评价

车载充电机故障检修		实习日期:	
姓名:	班级:	学号:	教师签名:
自评:□熟练 □不熟练	互评:□熟练 □不熟练	师评:□合格 □不合格	
日期:	日期:	日期:	

车载充电机故障检修【评分细则】							
序号	评分项	得分条件	分值(分)	评分要求	自评	互评	师评
1	安全/8S/态度	□能进行工位"8S"操作 □能进行设备和工具安全检查 □能进行车辆安全防护操作 □能进行工具清洁、校准、存放操作 □能进行三不落地操作	15	未完成1项扣3分,扣分不得超过15分	□熟练 □不熟练	□熟练 □不熟练	□合格 □不合格
2	专业技能能力	□能正确描述车载充电机故障现象 □能正确分析车载充电机故障原因 □能正确车载充电机故障检修流程	50	未完成1项扣5分	□熟练 □不熟练	□熟练 □不熟练	□合格 □不合格
3	工具及设备的使用能力	□能正确地使用维修工具	10	未完成1项扣3分,扣分不得超过10分	□熟练 □不熟练	□熟练 □不熟练	□合格 □不合格

续上表

序号	评分项	得分条件	分值(分)	评分要求	自评	互评	师评
4	资料、信息查询能力	□能正确地使用维修手册查询资料 □能正确地记录所需维修信息	10	未完成1项扣3分	□熟练 □不熟练	□熟练 □不熟练	□合格 □不合格
5	数据判断和分析能力	□能判断车载充电机元件好坏 □能判断车载充电机控制线路好坏	10	未完成1项扣3分	□熟练 □不熟练	□熟练 □不熟练	□合格 □不合格
6	表单填写报告的撰写能力	□字迹清晰 □语句通顺 □无错别字 □无涂改 □无抄袭	5	未完成1项扣1分,扣分不得超过5分	□熟练 □不熟练	□熟练 □不熟练	□合格 □不合格
总分:							
小组评语及建议			组长签名: 　　　　年　月　日				
教师评语及建议			教师签名: 　　　　年　月　日				

学习活动3　DC/DC 变换器故障检修

情景描述

某新能源汽车4S店接了一辆2019款比亚迪e5纯电动汽车。经过询问以及客户反映,该车无法起动、无法进行慢充充电,仪表盘上蓄电池报警灯点亮。经过修理工询问,12V蓄电池使用半年,经过检查初步判断为DC/DC变换器不能给12V蓄电池充电。经过修理工检查,该车DC/DC变换器内部控制板损坏,需要更换DC/DC变换器,你能正确进行DC/DC变换器故障的检修吗?

任务要求

请你根据任务情境描述,在规定的时间内,进行2019款比亚迪e5纯电动汽车DC/DC变换器故障检修的方案编制和基本检查实施。

(1) 请列出需要和车主沟通的内容。

(2) 完成车辆的环车检查,填写好任务委托书。

(3) 能就车认识DC/DC变换器的结构和接口,并理解其工作原理。

(4) 请查阅该车型的维修手册,查看2019款比亚迪e5纯电动汽车DC/DC变换器电路图,列出可能产生的故障原因,并说明理由。

(5) 查阅维修手册等资料,制订一份尽可能详细的DC/DC变换器故障的检修方法,并全面而细致地说明采取此方案的理由。

(6) 能根据计划规范完成DC/DC变换器故障检修作业,同时列出在检修DC/DC变换器过程中需要注意的事项。

建议学时

11学时

二 计划

知识链接

1. 高低压直流电源转换系统

纯电动汽车上的电源部件除了动力蓄电池之外,还有一个12V的铅酸蓄电池,它主要给灯光系统、仪表系统、娱乐系统、电动车窗、刮水器、除霜器和各种控制器等汽车低压电器设备供电。蓄电池12V低压直流电由动力蓄电池的高压直流电经过DC/DC变换器转换而来,此系统称为高低压直流电转换系统。该系统的主要部件有:动力蓄电池、动力蓄电池高压线束、高压控制盒、高压附件线束、DC/DC变换器、低压正极线束、低压负极线束、蓄电池。

2. DC/DC变换器的作用

电源转换器分为直流/直流(DC/DC)转换与直流(DC/AC)转换两类。DC/DC变换器是将某一直流电源电压转换成任意直流电压的变换器,有降压、升压、双向降—升压三种形式,它是满足新能源汽车电气系统电能变换和传输不可缺少的电器设备。在各种新能源汽车中,其主要实现功能如下。

(1) 不同电源之间的特性匹配。以燃料电池电动汽车为例,一般采用燃料电池组加动力蓄电池的混合动力系统结构。在能量混合型系统中,采用升压DC/DC变换器;

在功率混合系统中,采用双向 DC/DC 变换器。

(2)驱动直流电机在小功率(低于 5kW)直流电机驱动的转向、制动等辅助系统中,一般直接采用 DC/DC 电源变换器供电。

(3)给低压蓄电池充电。在电动汽车中,需要高压电源通过 DC/DC 变换器给蓄电池充电,一般采用隔离型的降压电路形式。

在电动汽车上的 DC/DC 变换器(图 2-18)替代了传统燃油汽车上的发电机,其作用是将动力蓄电池的高压直流电转换为低压 14V 直流电,给整车低压用电系统供电及低压蓄电池充电。DC/DC 变换器具有效率高、体积小、耐受恶劣工作环境等特点。纯电动汽车上的控制器,如整车控制器 VCU、电源管理系统 BMS、电机控制器 MCU 和车身电气等系统,均采用低压 12V 直流电。如果低压电源过低会导致纯电动汽车不工作或不能点亮 READY 灯,无法起动车辆。

3. DC/DC 变换器的安装位置

大多数车型的 DC/DC 变换器主要安装在整车前机舱内,2019 款比亚迪 e5 纯电动汽车车载充电机与 DC/DC 变换器和高压配电盒集成在一起,合称"充配电三合一",安装在前机舱内。

4. DC/DC 变换器的结构

1)外部结构

图 2-18 电动汽车上的 DC/DC 变换器

DC/DC 变换器外部与高压控制盒通过高压电缆连接,产生的低压直流电通过低压输出正极端子和低压输出负极端子与低压电路连接,DC/DC 变换器工作时通过低压控制端与整车控制器 VCU 进行通信,以保证 DC/DC 变换器与整车协调工作。另外,DC/DC 变换器工作时会产生大量的热量,因此,外壳会装有散热片以便通风散热。如图 2-19 所示为 2019 款比亚迪 e5 纯电动汽车 DC/DC 变换器外部结构。

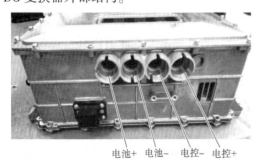 

电池+ 电池- 电控- 电控+　　　　　　　　　　DC输出+

图 2-19　2019 款比亚迪 e5 纯电动汽车 DC/DC 变换器外部结构

低压输出负极和低压输出正极分别与低压蓄电池相连接,如图 2-20 所示为 DC/DC 变换器正极输出与低压蓄电池正极间的连接。

2)内部结构

DC/DC 变换器内部结构中主要分为高压输入部分、电路板和整流输出部分,如

图 2-21 所示。高压输入部分主要是将从高压配电盒供过来的高压直流电输入到 DC/DC 变换器内部。电路板主要是把高压直流电转换成高压交流电,再把高压交流电通过变压器降压至低压交流电。整流部分是将低压交流电整流成低压直流电。

图 2-20　DC/DC 变换器低压输出连接

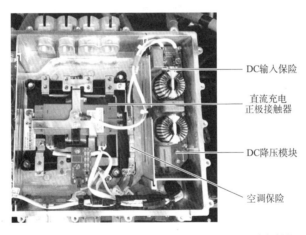

图 2-21　2019 款比亚迪 e5 纯电动汽车 DC/DC 变换器内部结构

5. DC/DC 变换器电路工作原理

DC/DC 变换器是将一种直流电变换为另一种直流电的技术,主要对电压和电流实现变换,它在新能源汽车中起着能量转换和传递的作用。DC/DC 变换器分为单向 DC/DC 和双向 DC/DC。单向 DC/DC 的能量只能单向流动,而双向 DC/DC 指保持变换器两端的直流电压极性不变的前提下,根据需要改变电流的方向,从而实现能量的双向流动的直流转换。

目前,新能源汽车主要使用单向 DC/DC 变换器将动力蓄电池中几百伏的直流电转变为低压蓄电池的 14V 直流电。双向 DC/DC 变换器在丰田混合动力电动汽车的增压转换器中应用较多。例如,第三代 Prius 中的增压转换器中主要是利用降压(Buck)斩波电路、升压(Boost)斩波电路等原理将 201.6V 高压电与 650V 高压电之间进行转换。

以纯电动汽车中应用的单向 DC/DC 变换器为例,分析其工作原理。如图 2-22 所示为 DC/DC 变换器电路原理图。

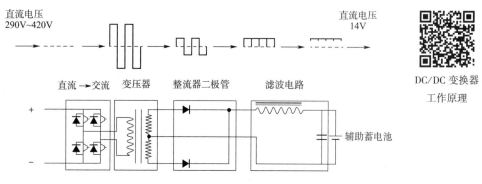

图 2-22 DC/DC 变换器电路原理图

该电路分为 DC/AC 逆变电路、变压器、整流电路和滤波电路四部分。晶体管桥接电路先将高压直接转换为交流(DC/AC),并经变压器降压。DC/DC 变换器控制输出电压,以保持辅助蓄电池端子处的电压恒定。然后,经整流和滤波转换为直流 12V 电压。

DC/DC 变换器电控单元监视 DC/DC 变换器的工作情况并检测故障,通过 CAN 网络与整车控制系统通信,整车控制系统接收指示 12V 充电系统正常或异常状态的信号,如果 DC/DC 变换器出现故障,则车辆将不工作。

6. DC/DC 变换器调节模式

实现 DC/DC 变换有两种模式,一种是线性调节模式,另一种是开关调节模式。开关调节模式与线性调节模式相比具有以下明显的特点。

1)功耗小、效率高

在 DC/DC 变换中,电力半导体器件工作在开关状态,工作频率很高。目前,这个工作频率已达到数百甚至 1000kHz,这使电力半导体器件功耗减小、效率大幅度提高。

2)体积小、质量轻

由于频率提高,使脉冲变压器、滤波电感和电容的体积、质量大大减小。同时,由于效率提高,散热器体积也减小。此外,由于 DC/DC 变换器无笨重的工频变压器,所以 DC/DC 变换器体积小、质量轻。

3)稳压范围宽

DC/DC 变换器的控制方式主要有脉冲频率调制式 PFM、脉冲宽度调制式 PWM 和混合式,由于 PWM 具有线性度好、负载调整率高和热稳定性好等优点而得到广泛应用。目前,DC/DC 变换器中基本使用 PWM 技术,基本原理是通过开关管把直流电斩成方波(脉冲波),通过调节方波的占空比(脉冲宽度与脉冲周期之比)来调节输出电压,对输入电压变化也可调节脉宽来进行补偿,所以稳压范围宽。

任务确认

1. 明确工作任务

请认真阅读信息页中工作情境描述,用彩笔标记关键词,用一句话总结你需要完成的任务及要求。

工作要求

2. 环车检查

比亚迪汽车服务店健诊报告单

车牌_____的车主,您好!我们已为您车辆进行全面健康检查,检查结果如下,请您查阅!

健诊项目		免检	正常	异常	已排除
VDS 程序扫描		○	○	○程序需更新　○车辆有故障	○
模式转换 ▲	EV、HEV	○	○	○不能转换	○
	EV(ECO、SPORT)	○	○	○不能转换	○
	HEV(ECO、SPORT)	○	○	○不能转换	○
▲充电口簧片		○	○	○建议更换	○
▲高压部件		○	○	○建议更换	○
▲动力蓄电池		○	○	○刮擦凹陷深度　　mm　○故障码　○建议更换	○
车辆灯光		○	○	○(　　)灯故障　○建议更换灯泡　○建议更换总成	○
空气滤芯		○	○	○建议更换	○
空调滤芯		○	○	○建议更换	○
制动踏板限位垫		○	○	○建议更换	○
转向助力泵油液液位		○	○	○缺少　○建议更换	○
制动液	油壶液位	○	○	○缺少	○
	油质颜色	○	○	○建议更换	○
冷却液液位		○	○	○缺少　○建议更换	○
发动机皮带及附件		○	○	○皮带松旷　○皮带老化、开裂、磨损严重	○

续上表

健诊项目			免检	正常	异常	已排除
胎压	前	左( )kPa, 右( )kPa	○	○	○气压偏低或高	○
	后	左( )kPa, 右( )kPa	○	○	○气压偏低或高	○
	备用轮胎( )kPa		○	○	○气压偏低或高	○
轮胎	划伤情况		○	○	○建议更换	○
	鼓包情况		○	○	○建议更换	○
胎纹深度	前	左( )mm, 右( )mm	○	○	○建议更换	○
	后	左( )mm, 右( )mm	○	○	○建议更换	○
	备用轮胎( )mm		○	○	○建议更换	○
摩擦块厚度	前	左( )mm, 右( )mm	○	○	○建议更换	○
	后	左( )mm, 右( )mm	○	○	○建议更换	○
制动系统	制动盘		○	○	○表面有裂纹 ○过度磨损 ○跳动异常	○
车轮螺母力矩			○	○	○力矩不正常	○
变速器滤清器盖罩			○	○	○磨损	○
底盘检查			○	○	○油液泄漏 ○磕碰损伤 ○螺栓松动	○
建议			检查日期	年 月 日 时 分		
			技师签名			

3.故障现象确认

(1)上电观察组合仪表OK指示灯是否点亮?

(2)观察组合仪表哪些故障指示灯点亮_____。

进一步确认故障现象为:_____。

故障信息

(1)连接故障诊断仪VDS2100,执行上电操作。打开故障诊断仪;进入数据总线诊断接口,读取并记录相关故障代码与数据流。车辆下电后清除故障码,车辆再次上电后,使用故障诊断仪再次读取故障码并和之前的故障码进行对比,分析故障码的性质。

故障代码	故障含义
数据流	数据流相应参数

（2）查阅维修手册或维修资料，并在下方图框处画出 2019 款比亚迪 e5 纯电动汽车 DC/DC 电源变换系统的电路原理图。

（3）根据电路图分析 2019 款比亚迪 e5 纯电动汽车 DC/DC 电源变换系统的故障原因，讨论并完成下面的故障分析图，并编制 DC/DC 变换器故障基本检查实施方案。

相关内容记录

①故障现象记录

②故障原因分析

③检修方案编制

三、决策

教师对各小组制订的故障检修方案进行点评,并进行修改完善。

优化后的实施方案

四、实施

DC/DC 变换器故障检修流程如下。

DC/DC 变换器故障检修

	1. 验证故障现象
 踩下制动踏板,并按下起动开关,观察仪表	踩下制动踏板,并按下起动开关,观察仪表提示信息及警告灯。 提示:主要是留意仪表提示信息
	2. 安全防护工作
 检查绝缘垫,布置警戒线,摆放警示牌	(1)检查绝缘垫,布置警戒线,摆放警示牌
 检查绝缘手套、绝缘鞋、护目镜、安全帽	(2)绝缘手套、绝缘鞋、护目镜、安全帽外观及性能检查

续上表

	2.安全防护工作
 检查工具外观及性能	(3)绝缘万用表和绝缘工具箱外观及性能检查
  铺设车内外三件套	(4)铺设翼子板防护垫、汽车维修三件套、脚垫
	3.系统检测
 连接诊断仪	(1)连接诊断仪。 提示:诊断接口位于驾驶人仪表板的下部

续上表

3.系统检测	
 踩下制动踏板,并按下起动开关	(2)踩下制动踏板,并按下起动开关
 读取故障码	(3)读取故障码。 提示:读取时先扫描所有模块
 读取数据流	(4)读取DC/DC变换系统数据流。 提示:读取DC/DC变换相关的重要信息

续上表

4.线路及元器件检测	
 测量 DC/DC 高压直流测电压	(1)测量 DC/DC 高压直流测电压(上电)。 提示:①保持低压蓄电池电量充足; ②在充配电总成检修口处测量; ③测量时需佩戴绝缘手套
 测量 DC/DC 低压输出侧正极电源线通断	(2)检查并测量 DC/DC 低压输出侧正极电源线电阻及安装牢固情况。 提示:①断电测电阻; ②执行高压断电流程
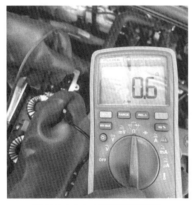 测量 DC/DC 内部高压熔断丝	(3)拆卸 DC/DC 变换器总成上端盖,测量内部高压熔断丝。 提示:注意螺栓拆卸顺序
 测量 DC/DC 内部线束	(4)测量 DC/DC 内部线束通断。 提示:若熔断丝故障则更换熔断丝,若熔断丝正常则更换充配电总成。 按照维修手册要求进行拆装及调试

续上表

5.验证故障	
 观察仪表	(1)打开点火开关,踩制动踏板,观察仪表是否正常
 观察数据流	(2)连接诊断仪,清除故障码,观察故障码是否已经清除

五 检查

用故障诊断仪 VDS2100 读取故障代码及数据流。

(1)关闭点火开关。

(2)将故障诊断仪连接到汽车故障诊断接口(U31)。

(3)按照诊断仪上的提示读出故障代码(DTC)。

(4)清除故障码。

(5)再次读取故障码(是否依然存在故障码,在相应的横线上打√)。

　　是＿＿＿＿＿＿＿＿＿＿否＿＿＿＿＿＿＿＿＿＿＿＿＿＿＿＿

(6)验证能否正常上电、充电、行驶及仪表有无故障警报灯。

(7)整理,恢复作业场地。

六 评估

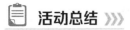

请根据工作过程撰写技术总结。

_____技术总结
1. 故障现象
2. 故障原因
3. 基本检修过程
4. 操作经验和不足

活动评价

1. 结果检验

序号	检查项目	结果（打√或×）
1	维修后故障代码读取，并填写读取结果，与原故障码相关的动态数据检查结果，维修后的功能确认并填写结果	
2	DC/DC 变换器故障是否排除	
3	实施过程中操作规范	
4	执行企业安全生产制度、环保管理制度以及"8S"管理规定	

2. 根据下表进行自评、互评、教师评价

DC/DC 变换器故障检修			实习日期：			
姓名：		班级：		学号：		教师签名：
自评：□熟练 □不熟练		互评：□熟练 □不熟练		师评：□合格 □不合格		
日期：		日期：		日期：		
DC/DC 变换器故障检修【评分细则】						
序号	评分项	得分条件	分值(分)	评分要求	自评	互评	师评
1	安全/8S/态度	□能进行工位"8S"操作 □能进行设备和工具安全检查 □能进行车辆安全防护操作 □能进行工具清洁、校准、存放操作 □能进行三不落地操作	15	未完成1项扣3分,扣分不得超过15分	□熟练 □不熟练	□熟练 □不熟练	□合格 □不合格
2	专业技能能力	□正确描述DC/DC故障现象 □能正确分析DC/DC故障原因 □能正确DC/DC故障检修流程	50	未完成1项扣5分	□熟练 □不熟练	□熟练 □不熟练	□合格 □不合格
3	工具及设备的使用能力	□能正确地使用维修工具	10	未完成1项扣3分,扣分不得超过10分	□熟练 □不熟练	□熟练 □不熟练	□合格 □不合格
4	资料、信息查询能力	□能正确地使用维修手册查询资料 □能正确地记录所需维修信息	10	未完成1项扣3分	□熟练 □不熟练	□熟练 □不熟练	□合格 □不合格
5	数据判断和分析能力	□能判断DC/DC元件好坏 □能判断DC/DC控制线路好坏	10	未完成1项扣3分	□熟练 □不熟练	□熟练 □不熟练	□合格 □不合格
6	表单填写报告的撰写能力	□字迹清晰 □语句通顺 □无错别字 □无涂改 □无抄袭	5	未完成1项扣1分,扣分不得超过5分	□熟练 □不熟练	□熟练 □不熟练	□合格 □不合格
总分：						
小组评语及建议			组长签名： 年 月 日			
教师评语及建议			教师签名： 年 月 日			

学习活动4　高压配电盒故障检修

一　资讯

情景描述

某新能源汽车4S店接了一辆2019款比亚迪e5纯电动汽车。经过询问以及客户反映,该车无法直流快速充电。经初步检查,故障码显示"直流充电接触器未吸合"。进一步检查判定,该车高压配电盒内部直流充电继电器相关线路或元件损坏,需要更换高压配电盒,你能正确进行高压配电盒故障的检修吗?

任务要求

请你根据任务情境描述,在规定的时间内,进行2019款比亚迪e5纯电动汽车高压配电盒故障检修的方案编制和基本检查实施。

(1)请列出需要和车主沟通的内容。

(2)完成车辆的环车检查,填写好任务委托书。

(3)能就车认识高压配电盒的结构和接口,并理解其工作原理。

(4)请查阅该车型的维修手册,查看2019款比亚迪e5纯电动汽车高压配电盒电路图,列出可能产生的故障原因,并说明理由。

(5)查阅维修手册等资料,制订一份尽可能详细的高压配电盒故障的检修方法,并全面而细致地说明采取此方案的理由。

(6)能根据计划规范完成高压配电盒故障检修作业,同时列出在检修高压配电盒过程中需要注意的事项。

建议学时

11学时

二　计划

知识链接

1.高压配电盒的作用

新能源汽车高压配电盒也称高压控制盒,是一种电源分配单元,主要应用于纯电动汽车和插电式混合动力电动汽车。能够对整车高压配电进行管理,实现对各路输出分别控制,对高压安全进行管理,有过电流、过电压、过温保护功能,同时具备CAN通信功能,实时交换数据。新能源汽车通常在大功率的电力环境下运行,有的电压高达700V以上,电流高达400A,对高压配电系统的设计及零部件的选用提出了巨大的挑战。高压电源通过高压电缆直接进入高压控制盒后根据各车型系统的需要分配到系统高压电气部件,并且需要保证整个高压系统及各高压电器设备的安全性、绝缘性、电磁干扰屏蔽性等要求。

2. 高压配电盒的安装位置

新能源汽车高压配电盒多采用集中配电方案,紧凑的结构设计方便了接线布局,使检修更加快捷。根据不同的系统架构需求,高压配电盒还可以集成部分电池管理系统智能控制管理单元,这样可以进一步简化整车系统架构配电的复杂程度。

不同车型的高压配电盒的安装位置和集成化程度均大不相同,有的集中单独安装在前机舱(例如北汽EV200);有的集中单独安装在车辆尾部(例如比亚迪e6);有的集成在动力蓄电池包内部(例如大众ID.4、比亚迪秦);有的与不同电控单元集成形成多个配电机构(例如吉利帝豪EV450)。2019款比亚迪e5车载充电机与DC/DC变换器、高压配电盒集成在一起,合称"充配电三合一",安装在前机舱内,参考2.2节。

3. 高压配电盒的结构

1) 外部结构

2019款比亚迪e5纯电动汽车充配电总成的外部结构如图2-23所示,外部接口定义见表2-7。

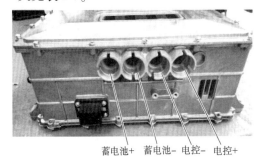

图2-23 充配电总成外部结构

充配电总成外部接口定义 表2-7

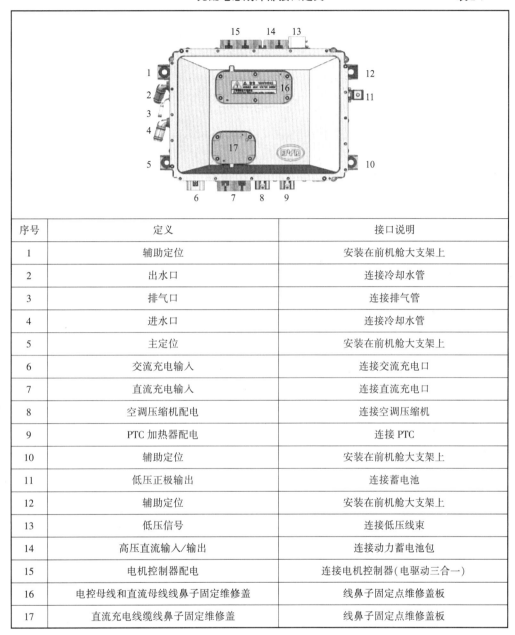

序号	定义	接口说明
1	辅助定位	安装在前机舱大支架上
2	出水口	连接冷却水管
3	排气口	连接排气管
4	进水口	连接冷却水管
5	主定位	安装在前机舱大支架上
6	交流充电输入	连接交流充电口
7	直流充电输入	连接直流充电口
8	空调压缩机配电	连接空调压缩机
9	PTC加热器配电	连接PTC
10	辅助定位	安装在前机舱大支架上
11	低压正极输出	连接蓄电池
12	辅助定位	安装在前机舱大支架上
13	低压信号	连接低压线束
14	高压直流输入/输出	连接动力蓄电池包
15	电机控制器配电	连接电机控制器（电驱动三合一）
16	电控母线和直流母线线鼻子固定维修盖	线鼻子固定点维修盖板
17	直流充电线缆线鼻子固定维修盖	线鼻子固定点维修盖板

动力蓄电池包直流母线输出至充配电总成后,分配至电驱动三合一、DC/DC变换器、电动空调压缩机、PTC加热器等高压部件。同时交直流充电高压线束也经由充配电总成返回动力蓄电池包,系统框图如图2-24所示。

2）内部结构

拆下2019款比亚迪e5纯电动汽车充配电总成的上盖,可以看到其内部结构,如图2-14所示。其内部含有直流快充接触器(正、负)、车载充电机、DC/DC变换器、三个熔断器(车载充电机、DC/DC 变换器、空调配电)、直流充电接触器烧结检测以及高压连接片。

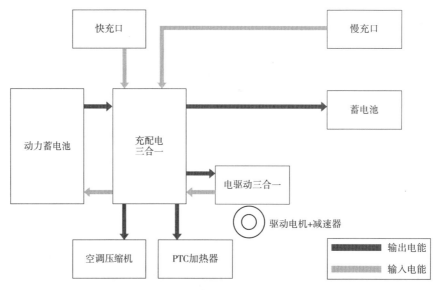

图 2-24　2019 款 e5 纯电动汽车 EV 高压系统结构框图

任务确认

1. 明确工作任务

(1)请认真阅读信息页中工作情境描述,用彩笔标记关键词,用一句话总结你需要完成的任务及要求。

工作要求

(2)现需要与班组长(教师)进行沟通并确认车辆或者设备等相关信息,请你列出需要问的问题。

序号	问题
1	
2	
3	
4	
5	

2. 环车检查

比亚迪汽车服务店健诊报告单

车牌_____的车主,您好！我们已为您车辆进行全面健康检查,检查结果如下,请您查阅！

健诊项目			免检	正常	异常	已排除
VDS 程序扫描			○	○	○程序需更新　○车辆有故障	○
▲模式转换	EV、HEV		○	○	○不能转换	○
	EV(ECO、SPORT)		○	○	○不能转换	○
	HEV(ECO、SPORT)		○	○	○不能转换	○
▲充电口簧片			○	○	○建议更换	○
▲高压部件			○	○	○建议更换	○
▲动力蓄电池			○	○	○刮擦凹陷深度　　mm　○故障码　○建议更换	○
车辆灯光			○	○	○(　　)灯故障　○建议更换灯泡　○建议更换总成	○
空气滤芯			○	○	○建议更换	○
空调滤芯			○	○	○建议更换	○
制动踏板限位垫			○	○	○建议更换	○
转向助力泵油液位			○	○	○缺少　○建议更换	○
制动液	油壶液位		○	○	○缺少	○
	油质颜色		○	○	○建议更换	○
冷却液液位			○	○	○缺少　○建议更换	○
发动机皮带及附件			○	○	○皮带松旷　○皮带老化、开裂、磨损严重	○
胎压	前	左(　)kPa,右(　)kPa	○	○	○气压偏低或高	○
	后	左(　)kPa,右(　)kPa	○	○	○气压偏低或高	○
	备用轮胎(　)kPa		○	○	○气压偏低或高	○
轮胎	划伤情况		○	○	○建议更换	○
	鼓包情况		○	○	○建议更换	○
胎纹深度	前	左(　)mm,右(　)mm	○	○	○建议更换	○
	后	左(　)mm,右(　)mm	○	○	○建议更换	○
	备用轮胎(　)mm		○	○	○建议更换	○

续上表

健诊项目			免检	正常	异常	已排除
摩擦块厚度	前	左( )mm, 右( )mm	○	○	○建议更换	○
	后	左( )mm, 右( )mm	○	○	○建议更换	○
制动系统		制动盘	○	○	○表面有裂纹　○过度磨损　○跳动异常	○
车轮螺母力矩			○	○	○力矩不正常	○
变速器滤清器盖罩			○	○	○磨损	○
底盘检查			○	○	○油液泄漏　○磕碰损伤　○螺栓松动	○
建议				检查日期	年　　月　　日　　时　　分	
				技师签名		

3. 故障现象确认

(1) 上电观察组合仪表 OK 指示灯是否点亮？

(2) 连接直流充电枪，观察是否能直流充电。

(3) 观察组合仪表哪些故障指示灯点亮＿＿＿＿＿＿＿＿＿＿＿＿。

进一步确认故障现象为：＿＿＿＿＿＿＿＿＿＿＿＿。

故障信息

(1) 连接故障诊断仪 VDS2100，执行直流充电操作。打开故障诊断仪，进入数据总线诊断接口，读取并记录相关故障代码与数据流。清除故障码，车辆再次充电后，使用故障诊断仪再次读取故障码并和之前的故障码进行对比，分析故障码的性质。

故障代码	故障含义
数据流	数据流相应参数

(2) 查阅维修手册或维修资料，并在下方图框处画出 2019 款比亚迪 e5 纯电动汽车高压配电系统的电路原理图。

(3)根据电路图分析 2019 款比亚迪 e5 纯电动汽车高压配电系统的故障原因,讨论并完成下面的故障分析图,并编制高压配电系统故障基本检查实施方案。

相关内容记录
①故障现象记录
②故障原因分析
③检修方案编制

三  决策

教师对各小组制订的故障检修方案进行点评,并进行修改完善。

优化后的实施方案

四、实施

高压配电盒故障检修流程如下。

高压配电盒故障检修

1. 验证故障现象	
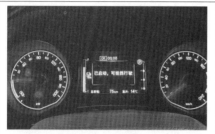 踩下制动踏板,并按下起动开关,观察仪表	(1)踩下制动踏板,并按下起动开关,观察仪表提示信息及警告灯
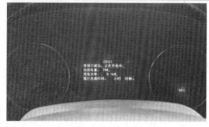 连接直流充电枪,观察仪表	(2)连接直流充电枪,观察仪表提示信息及警告灯。 提示:主要是留意仪表提示信息
2. 安全防护工作	
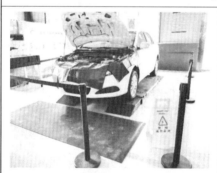 检查绝缘垫、布置警戒线、摆放警示牌	(1)检查绝缘垫,布置警戒线,摆放警示牌
 检查绝缘手套、绝缘鞋、护目镜、安全帽	(2)绝缘手套、绝缘鞋、护目镜、安全帽外观及性能检查

续上表

2.安全防护工作	
 检查工具外观及性能	(3)绝缘万用表和绝缘工具箱外观及性能检查
 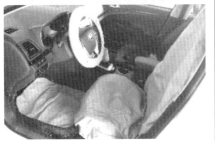 铺设车内外三件套	(4)铺设翼子板防护垫、汽车维修三件套、脚垫
3.系统检测	
 连接诊断仪	(1)连接诊断仪。 提示:诊断接口位于驾驶人仪表板的下部

续上表

	3.系统检测
 连接直流充电桩	(2)连接直流充电枪,开启直流充电
 读取数据流	(3)读取直流充电数据流。 提示:读取直流充电相关的重要信息
	4.线路及元器件检测
 测量直流充电输入母线通断	(1)测量直流充电输入(HV+、HV-)线路电阻(充配电总成至直流充电口)。 提示:①测量时需佩戴绝缘手套; ②在充配电总成直流充电检修口处测量
 拆卸充配电总成上端盖	(2)拆卸充配电总成上端盖。 提示:①注意螺栓拆卸顺序; ②执行高压断电流程

续上表

4.线路及元器件检测	
 测量充配电总成内部直流充电线束通断	(3)分别测量直流充电接触器两侧的充电高压线束通断情况。 提示:注意区分充电正、负接触器
 测量充电正负接触器低压控制线路	(4)测量充电正、负接触器的低压控制线至充配电总成低压控制插头电阻
 直流充电接触器	(5)对充电正、负接触器做动态测试,判断接触器的好坏。 提示:①需用外接电源驱动接触器低压控制部分; ②若接触器损坏则更换接触器,否则更换充配电总成

续上表

5.验证故障	
 观察仪表	(1)连接直流充电枪,观察仪表
 观察故障码及数据流	(2)连接诊断仪,清除故障码,观察故障码是否已经清除,观察数据流是否正常

五 检查

用故障诊断仪 VDS2100 读取故障代码及数据流。
(1)关闭点火开关。
(2)将故障诊断仪连接到汽车故障诊断接口(U31)。
(3)按照诊断仪上的提示读出故障代码(DTC)。
(4)清除故障码。
(5)再次读取故障码(是否依然存在故障码,在相应的横线上打√)。
　　　是＿＿＿＿＿＿＿＿＿＿＿＿＿＿＿否＿＿＿＿＿＿＿＿＿＿＿＿＿＿＿
(6)验证能否正常上电、充电、行驶及仪表有无故障警报灯。
(7)整理,恢复作业场地。

六 评估

活动总结

请根据工作过程撰写技术总结。

_____技术总结
1. 故障现象
2. 故障原因
3. 基本检修过程
4. 操作经验和不足

活动评价

1. 结果检验

序号	检查项目	结果(打√或×)
1	维修后故障代码读取,并填写读取结果,与原故障码相关的动态数据检查结果,维修后的功能确认并填写结果	
2	高压配电盒故障是否排除	
3	实施过程中操作规范	
4	执行企业安全生产制度、环保管理制度以及"8S"管理规定	

2. 根据下表进行自评、互评、教师评价

高压配电盒故障检修				实习日期：			
姓名：		班级：		学号：		教师签名：	
自评：□熟练 □不熟练		互评：□熟练 □不熟练		师评：□合格 □不合格			
日期：		日期：		日期：			
高压配电盒故障检修【评分细则】							
序号	评分项	得分条件	分值(分)	评分要求	自评	互评	师评
1	安全/8S/态度	□能进行工位"8S"操作 □能进行设备和工具安全检查 □能进行车辆安全防护操作 □能进行工具清洁、校准、存放操作 □能进行三不落地操作	15	未完成1项扣3分，扣分不得超过15分	□熟练 □不熟练	□熟练 □不熟练	□合格 □不合格
2	专业技能能力	□能正确描述高压配电盒故障现象 □能正确分析高压配电盒故障原因 □能正确高压配电盒故障检修流程	50	未完成1项扣5分	□熟练 □不熟练	□熟练 □不熟练	□合格 □不合格
3	工具及设备的使用能力	□能正确地使用维修工具	10	未完成1项扣3分，扣分不得超过10分	□熟练 □不熟练	□熟练 □不熟练	□合格 □不合格
4	资料、信息查询能力	□能正确地使用维修手册查询资料 □能正确地记录所需维修信息	10	未完成1项扣3分	□熟练 □不熟练	□熟练 □不熟练	□合格 □不合格
5	数据判断和分析能力	□能判断高压配电盒元件好坏 □能判断高压配电盒控制线路好坏	10	未完成1项扣3分	□熟练 □不熟练	□熟练 □不熟练	□合格 □不合格

续上表

序号	评分项	得分条件	分值(分)	评分要求	自评	互评	师评
6	表单填写报告的撰写能力	□字迹清晰 □语句通顺 □无错别字 □无涂改 □无抄袭	5	未完成1项扣1分,扣分不得超过5分	□熟练 □不熟练	□熟练 □不熟练	□合格 □不合格
总分:							
小组评语及建议			组长签名: 　　　　　年　月　日				
教师评语及建议			教师签名: 　　　　　年　月　日				

习题

1. 填空题

(1)2019款比亚迪e5纯电动汽车充配电总成集成了_____、_____、高压配电盒,合称"充配电三合一"。

(2)2019款比亚迪e5纯电动汽车充配电总成内部含有_____、车载充电机、DC/DC变换器、_____、以及高压连接片。

(3)电机控制器主要由接口电路、_____、_____模块及驱动板、_____、_____、电流感应器和壳体水道等组成。

(4)电机控制器的逆变器接收电池输送的_____,逆变成_____电给汽车的驱动电机提供电能。

(5)电机控制器的主动泄放功能是在_____内将预充电容的电压降到60V以下,被动泄放是在_____内将电压降到60V以下。

(6)车载充电机内部主要由_____、_____、线束及_____三部分组成。

(7)为了保持车载充电机中各电子元件不被烧坏,因此外部有直流输出端子、_____、_____和_____及散热风扇。

(8)DC/DC变换器有_____、_____、_____三种形式。

(9)DC/DC变换器内部结构中主要分为_____、_____和_____部分。

(10)实现DC/DC变换有两种模式,一种是_____模式,另一种是_____模式。

2. 选择题

(1)新能源汽车驱动电机控制器的关键零部件为(　　)。

　　A. IGBT　　　　B. IPM　　　　C. EPB　　　　D. IC

(2)制动能量回馈功能主要是通过(　　)控制。

A. BMS　　　　　　　　　　　　B. 车载充电机
　　C. 高压配电箱　　　　　　　　　D. 驱动电机控制器
　(3)2019 款比亚迪 e5 纯电动汽车的驱动电机控制器采用(　　)冷却方式。
　　A. 水冷　　　B. 风冷　　　C. 自然冷却　　　D. 空调制冷
　(4)通过交流电对纯电动汽车的动力蓄电池组进行充电是指(　　)。
　　A. 充电器　　B. 直流充电　C. 交流充电　　　D. 充电插头
　(5)连接插电式汽车与充电设备的接口是(　　)。
　　A. 充电器　　B. 直流充电　C. 充电口　　　　D. 交流充电
　(6)降压 DC/DC 的功能有(　　)。
　　A. 给高压电池充电　　　　　　　B. 给低压电池充电
　　C. 给电机充电　　　　　　　　　D. 给电容充电

3. 判断题

　(1)新能源汽车高压配电盒多采用分散式配电方案,紧凑的结构设计方便了接线布局,使检修更加快捷。　　　　　　　　　　　　　　　　　　　(　　)
　(2)新能源汽车高压配电盒也称高压控制盒,是一种电源分配单元,主要应用于纯电动汽车和插电式混合动力电动汽车。　　　　　　　　　　　　　(　　)
　(3)驱动电机控制器主要是电压型逆变器,将直流电转换为交流电,控制电动机和发电机等,根据不同工况控制电机的正反转、功率、转矩、转速等。　(　　)
　(4)2019 款比亚迪 e5 纯电动汽车驱动电机控制器输入高压直流母线没有高压互锁针脚。　　　　　　　　　　　　　　　　　　　　　　　　　　(　　)
　(5)车辆在慢充充电过程中,采用低频电路转换电压。　　　　　　(　　)

4. 简答题

　(1)某辆新能源汽车无法上电,动力系统故障指示灯点亮,经初步检查为高压配电盒内部高压分配系统故障,请对高压配电盒故障进行检修,写出检修步骤。

_____
_____
_____

　(2)某辆新能源汽车上电正常,无法正常行驶,请对电机控制器故障进行检修,写出检修步骤。

_____
_____
_____

学习任务三

新能源汽车动力蓄电池故障检修

学习目标

知识目标

1. 能掌握新能源汽车动力蓄电池系统的结构组成及控制原理；
2. 能掌握新能源汽车动力蓄电池系统常见故障及检修方法；
3. 能明确新能源汽车动力蓄电池系统故障检修作业内容。

技能目标

1. 能阅读并规范填写维修工单，就车确认故障现象并记录相关信息，通过获取有效故障信息，明确新能源汽车动力蓄电池系统检修作业的项目、内容和工期要求；
2. 能参照维修手册和前期获取的相关知识，根据厂家规定和客户要求，查阅维修手册，通过故障树、鱼骨图等方法，综合分析故障原因，从满足顾客对汽车维修质量、经济性等需求的角度制订能源汽车动力蓄电池系统检修方案和作业流程，并进行作业前的准备工作；
3. 能按检修方案，根据新能源汽车维修技术规范和作业流程，以双人合作的方式，在规定的时间内完成能源汽车动力蓄电池系统故障检修任务并填写维修记录。

素养目标

1. 养成做事细心、严谨的作风；
2. 提高合作意识和创新精神；
3. 养成良好的安全意识、8S 管理意识，注重节约、节能和环保。

建议学时

45 学时

学习活动

学习活动 1　动力蓄电池包更换
学习活动 2　动力蓄电池管理系统通信故障检修

新能源汽车高压系统检修

学习活动 3　动力蓄电池冷却系统故障检修

学习活动 4　动力蓄电池高压互锁故障检修

学习活动 1　动力蓄电池包更换

情景描述

某比亚迪新能源汽车 4S 店的高级汽车维修工小蔡接到一张任务工作单：一辆 2019 款比亚迪 e5 纯电动汽车的动力蓄电池包需要进行更换。如果你是小蔡，应该如何操作呢？

任务要求

请你根据任务情境描述，在规定的时间内，编制 2019 款比亚迪 e5 纯电动汽车动力蓄电池包更换的方案并按照方案实施。

（1）请列出需要和车主沟通的内容。

（2）完成车辆的环车检查，填写好健诊报告单。

（3）能查阅维修手册选择工具设备。

（4）能根据计划规范完成动力蓄电池包更换作业，同时列出在操作过程中需要注意的事项。

建议学时

12 学时

知识链接

1.2019 款比亚迪 e5 纯电动汽车动力蓄电池包概述

2019 款比亚迪 e5 纯电动汽车的电源系统与其他纯电动汽车电源系统结构一样，主要由动力蓄电池包、电池管理系统、充电系统、电池冷却系统以及辅助电源低压电池等组成，如图 3-1 所示。

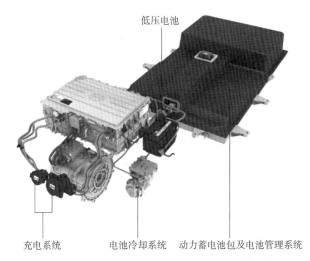

图 3-1　2019 款比亚迪 e5 纯电动汽车电源系统组成

其作用与其他纯电动汽车电源系统一样,主要为驱动电机提供电源,并监测和控制电源系统的供电和充电,使动力蓄电池始终处于最佳的工作状态。

1)2019 款比亚迪 e5 纯电动汽车动力蓄电池包位置

2019 款比亚迪 e5 纯电动汽车的动力蓄电池包位于整车底盘下面,如图 3-2 所示。

图 3-2　2019 款比亚迪 e5 纯电动汽车动力蓄电池包位置

2)2019 款比亚迪 e5 纯电动汽车动力蓄电池包结构

2019 款比亚迪 e5 纯电动汽车动力蓄电池包由动力蓄电池组、动力蓄电池箱体、动力蓄电池辅助装置和高压维修开关构成,如图 3-3 所示。

(1)动力蓄电池组。

2019 款比亚迪 e5 纯电动汽车的动力蓄电池组由 13 个电池模组串联组成,动力蓄电池的高压接口在 1 号电池模组负极、13 号电池模组正极,动力蓄电池组通过该接口与高电压车载网络连接,如图 3-4 所示。

1 号、2 号、11 号、12 号、13 号电池模组在动力蓄电池前端;3 号电池模组在动力蓄电池终端,4 号、5 号、6 号、7 号、8 号、9 号、10 号电池模组在动力蓄电池后端,如图 3-5 所示。

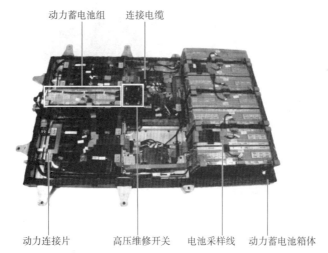

图 3-3 2019 款比亚迪 e5 纯电动汽车动力蓄电池包组成

图 3-4 动力蓄电池高压接口

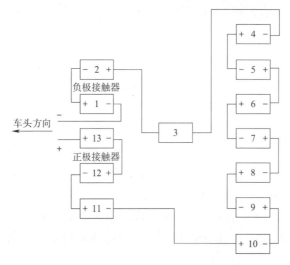

图 3-5 2019 款比亚迪 e5 纯电动汽车动力蓄电池组的布置

（2）动力蓄电池箱体。

2019款比亚迪e5纯电动汽车动力蓄电池的动力蓄电池箱体由动力蓄电池箱密封盖(上盖)和下托盘组成,它可以切断动力蓄电池内部的高压电路,具有承载和保护动力蓄电池组及内部电气元件的作用。

（3）动力蓄电池辅助装置。

2019款比亚迪e5纯电动汽车动力蓄电池的辅助装置主要包括动力连接片、连接电缆和电池管理系统的电池采样线等,如图3-3所示。电池采样线是电池管理系统的信息采集装置,它可以采集动力蓄电池的状态信息;动力连接片和连接电缆是动力蓄电池内部的动力蓄电池模块和动力电子模组之间的连接元件,能将动力蓄电池组内的电池模块和电池模组串联或并联组成动力蓄电池组。

（4）高压维修开关。

2019款比亚迪e5纯电动汽车的高压维修开关位于中控台储物箱下部动力蓄电池的上面,如图3-6所示。其用于切断动力蓄电池内部的高压电路,防止发生触电事故,驾驶人一般接触不到,仅供专业人员检修时使用。

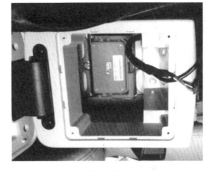

图3-6　高压维修开关位置

3）2019款比亚迪e5纯电动汽车动力蓄电池参数

2019款比亚迪e5纯电动汽车采用的是磷酸铁锂蓄电池,一种用磷酸铁锂材料做电池正极、石墨做电池负极、聚乙烯或聚丙烯材料制成的隔膜板、有机溶剂和锂盐制作的对人体组织具有腐蚀性的锂离子蓄电解质、金属材料密封外壳的锂离子蓄电池。

磷酸铁锂蓄电池的单体蓄电池标称电压是3.2V,充电终止时的最高电压为3.6V,最大放电的电压为2.0V。2019款比亚迪e5纯电动汽车的动力蓄电池的额定电压约633.6V,额定容量75Ah,总电量42.47KWh,能提供综合工况下250~300km的续航里程,其具体参数见表3-1。

2019款比亚迪e5纯电动汽车动力蓄电池参数　　　表3-1

碳酸铁锂蓄电池	参数
动力蓄电池包容量	75A·h
额定电压	633.6V(以实车为准)
储存温度	40~40℃,短期储存(3个月) 20%≤SOC≤40% -20~35℃,长期储存(<1年) 30%≤SOC≤40%
质量	≤490kg

2. 动力蓄电池包拆装工具介绍

1)动力蓄电池举升车

动力蓄电池举升车(手推式液压举升机)是用于拆卸电动汽车电池时的举升设备,可举升各类质量不大于1000kg的汽车动力蓄电池,适用于汽车维修企业汽车动力蓄电池的检修。

(1)规格参数。

动力蓄电池举升车由万向轮、底座、气动泵、支架、平台、滑顶板、液压缸等组成、尺寸大小为1450×1000×800mm,其参数见表3-2。

表3-2 动力蓄电池举升车参数

名称	动力蓄电池举升车
型号	U-DP10
举升质量	1000kg
举升高度	1800mm
机器噪声	≤70dB
电机功率	2.2kW
机器净重	380kg
液压油	专用油1.6L
工作环境温度	5~40℃
工作环境湿度	30~95%
运输/贮存温度	-25~55℃

手推式移动举升车无需安装,倾斜式平台可以圆周方向分别移动30m,方便汽车动力蓄电池的安装、维修。采用优质气动泵(可选配手动、线控)、三通球阀、单向节流阀等元器件。根据举升需要,下降速度可以调节。

(2)操作使用。

①在使用前,需先检查平台有无异物,油缸油管是否有漏油。

②待万向轮固定,机器平稳后,轻踏气动泵踏板即可升起平台。

③升降过程中,随时观察举升机,如果发现异常,请及时停机,检查并排除故障后方能投入使用。

④下降操作前,观察机器周围、平台上下和车辆内无异物和人员。

⑤轻踏气动泵下降踏板,将平台下降至所需高度。

⑥三通球阀扳至与油管平行时,平台水平上升,当垂直时,底座倾斜上升。

⑦只能将不超过举升质量的汽车电瓶放于升降平台。

(3)日常维护。

机器长期不用或过夜时,平台应空载并降到最低位位置,切断气源。各轴承连接部位应定期徐润滑油,专用液压油需定期更换。

2)扭力扳手

扭力扳手一般分为电动扭力扳手和手动扭力扳手,如图3-7所示。扭力扳手最主要特征就是可以设定力矩,并且力矩可调。

图3-7 扭力扳手

扭力扳手是紧固螺栓用的,国标大六角高强螺栓为M16、M20、M2、M24、M27、M30等几种。一般对于高强螺栓的紧固都要先预紧再终紧,而且每步都需要有严格的力矩要求。

任务确认

1.明确工作任务

请认真阅读信息页中工作情境描述,用彩笔标记关键词,用一句话总结你需要完成的任务及要求。

工作要求

2.环车检查

比亚迪汽车服务店健诊报告单

车牌_____的车主,您好!我们已为您车辆进行全面健康检查,检查结果如下,请您查阅!

健诊项目		免检	正常	异常	已排除
VDS程序扫描		○	○	○程序需更新　○车辆有故障	○
▲模式转换	EV、HEV	○	○	○不能转换	○
	EV(ECO、SPORT)	○	○	○不能转换	○
	HEV(ECO、SPORT)	○	○	○不能转换	○
▲充电口簧片		○	○	○建议更换	○

续上表

健诊项目		免检	正常	异常	已排除
▲高压部件		○	○	○建议更换	○
▲动力蓄电池		○	○	○刮擦凹陷深度　　mm　○故障码　○建议更换	○
车辆灯光		○	○	○(　　)灯故障　○建议更换灯泡　○建议更换总成	○
空气滤芯		○	○	○建议更换	○
空调滤芯		○	○	○建议更换	○
制动踏板限位垫		○	○	○建议更换	○
转向助力泵油液液位		○	○	○缺少　○建议更换	○
制动液	油壶液位	○	○	○缺少	○
	油质颜色	○	○	○建议更换	○
冷却液液位		○	○	○缺少　○建议更换	○
发动机皮带及附件		○	○	○皮带松旷　○皮带老化、开裂、磨损严重	○
胎压	前 左(　　)kPa, 右(　　)kPa	○	○	○气压偏低或高	○
	后 左(　　)kPa, 右(　　)kPa	○	○	○气压偏低或高	○
	备用轮胎(　　)kPa	○	○	○气压偏低或高	○
轮胎	划伤情况	○	○	○建议更换	○
	鼓包情况	○	○	○建议更换	○
胎纹深度	前 左(　　)mm, 右(　　)mm	○	○	○建议更换	○
	后 左(　　)mm, 右(　　)mm	○	○	○建议更换	○
	备用轮胎(　　)mm	○	○	○建议更换	○
摩擦块厚度	前 左(　　)mm, 右(　　)mm	○	○	○建议更换	○
	后 左(　　)mm, 右(　　)mm	○	○	○建议更换	○
制动系统	制动盘	○	○	○表面有裂纹　○过度磨损　○跳动异常	○
车轮螺母力矩		○	○	○力矩不正常	○
变速器滤清器盖罩		○	○	○磨损	○
底盘检查		○	○	○油液泄漏　○磕碰损伤　○螺栓松动	○
建议			检查日期	年　　月　　日　　时　　分	
			技师签名		

3. 编制 2019 款比亚迪 e5 纯电动汽车动力蓄电池包更换实施方案

相关内容记录
①车辆信息记录   ②动力蓄电池包更换方案编制

三、决策

教师对各小组制订的方案进行点评,并进行修改完善。

优化后的实施方案

四、实施

动力蓄电池包更换流程如下。

1. 工具准备	
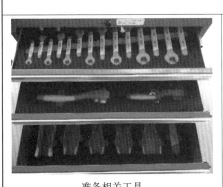 准备相关工具	准备工具

续上表

	2.安全防护工作
 设置安全区域	（1）设置高压安全区域（铺设绝缘垫、设置安全隔离带、放置高压警示牌）
 安装车内四件套	（2）安装车辆室内四件套（转向盘套、换挡杆套、座椅套和脚垫）
 安装车外三件套	（3）安装室外三件套（左右翼子板布、前格栅布）
	3.拆卸动力蓄电池包
 拆卸负极并绝缘处理	（1）打开低压蓄电池负极电缆保护盖，拆下负极电缆，使用绝缘胶带进行绝缘处理

续上表

3.拆卸动力蓄电池包	
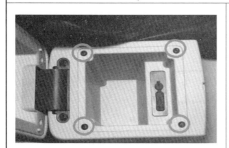 拆卸中控储物格	(2)进入车内,拆卸中控储物格固定螺栓
 拆卸线束插接器	(3)拆卸中控储物格线束插接器
 拆卸维修开关	(4)拆卸高压维修开关,等待5min以上
 拧开冷却液储液壶盖	(5)拧开动力蓄电池冷却液储液壶盖

续上表

3.拆卸动力蓄电池包	
 放置冷却液回收器	(6)举升车辆至合适位置,锁止举升机,将废液回收器放置到合适位置
 拆卸冷却水管	(7)按压冷却进水管紧固锁舌,拆卸冷却进水管,排放冷却液。之后以同样方法拆卸冷却出水管
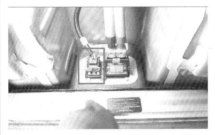 拆卸母线插接器	(8)解除动力蓄电池输出高压电缆母线接插器锁紧保险,断开低压接插器
 断开高压电缆母线	(9)断开高压电缆母线

续上表

3.拆卸动力蓄电池包	
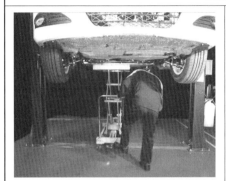 升起移动平板	(10)将动力蓄电池举升车推至合适位置,升起平板至其接触动力蓄电池下部
 预松动力蓄电池托架固定螺栓	(11)使用13mm套筒、接杆、扭力扳手组合工具,预松动力蓄电池托架10颗固定螺栓
 取下固定螺栓	(12)使用13mm套筒、接杆、棘轮扳手组合工具,拧松并取下动力蓄电池托架10颗固定螺栓
 取下动力蓄电池	(13)操作泄压把手,缓慢降低平板高度,将动力蓄电池与车辆分离

续上表

	4.安装动力蓄电池包
 将动力蓄电池升至合适位置	(1)将放置动力蓄电池的举升车推至车辆底部合适位置,缓慢升起平板,至动力蓄电池贴合车辆
 安装动力蓄电池紧固螺栓	(2)对齐螺纹孔,用手拧入动力蓄电池托架固定螺栓。使用13mm套筒、接杆、棘轮扳手组合工具拧紧安装动力蓄电池托架固定螺栓,用扭力扳手紧固动力蓄电池托架固定螺栓至135N·m
 安装动力蓄电池低压插接器	(3)安装动力蓄电池低压接插器,并锁止保险锁舌
 安装动力蓄电池母线插接器	(4)安装动力蓄电池高压电缆母线接插器,并锁止保险锁舌

续上表

4.安装动力蓄电池包	
 安装冷却水管接头	(5)清洁动力蓄电池冷却出水口及水管接头,安装出水口水管,晃动出水口水管,检查其安装牢固程度,以同样方法安装动力蓄电池冷却进水口水管
 安装高压维修开关	(6)安装高压维修开关,恢复中控储物格线束插接器
 安装蓄电池负极电缆	(7)安装低压蓄电池负极电缆,并紧固
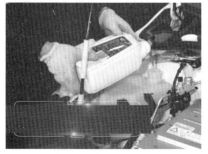 加注制冷剂	(8)加注动力蓄电池冷却系统冷却液至MAX位置

续上表

	5.结束工作
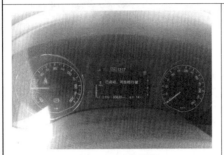 观看仪表是否有故障提示	(1)驱动车辆,等待动力蓄电池冷却系统自动运行,并观察仪表有无故障提示
 进行8S整理实训场所	(2)打扫实训场地,完成8S工作

五 检查

检查车辆能否正常上电,是否有故障。
(1)关闭点火开关。
(2)将故障诊断仪连接到汽车故障诊断接口(U31)。
(3)按照诊断仪上的提示读出故障代码(DTC)。
(4)清除故障码。
(5)再次读取故障码(是否依然存在故障码,在相应的横线上打√)。
　　是＿＿＿＿＿＿＿＿＿＿＿＿＿否＿＿＿＿＿＿＿＿＿＿＿＿＿
(6)验证仪表显示是否正常、低压充电是否正常。
(7)整理,恢复作业场地。

六 评估

活动总结

请根据工作过程撰写技术总结。

＿＿＿＿＿＿＿＿技术总结
1. 故障现象
2. 故障原因
3. 基本检修过程
4. 操作经验和不足

活动评价

1. 结果检验

序号	检查项目	结果（打√或×）
1	汽车能否正常起动行驶	
2	实施过程中操作规范	
3	执行企业安全生产制度、环保管理制度以及"8S"管理规定	

2. 根据下表进行自评、互评、教师评价

动力蓄电池包更换			实习日期：		
姓名：	班级：		学号：		教师签名：
自评：□熟练　□不熟练	互评：□熟练　□不熟练		师评：□合格　□不合格		
日期：	日期：		日期：		
动力蓄电池包更换【评分细则】					
序号	评分项	得分条件	分值(分)	评分要求	自评	互评	师评
1	安全/8S/态度	□能进行工位"8S"操作 □能进行设备和工具安全检查 □能进行车辆安全防护操作 □能进行工具清洁、校准、存放操作 □能进行三不落地操作	15	未完成1项扣3分，扣分不得超过15分	□熟练 □不熟练	□熟练 □不熟练	□合格 □不合格
2	专业技能能力	□能正确进行动力蓄电池包拆装 □能正确检验车辆	50	未完成1项扣5分	□熟练 □不熟练	□熟练 □不熟练	□合格 □不合格
3	工具及设备的使用能力	□能正确地使用维修工具	10	未完成1项扣3分，扣分不得超过10分	□熟练 □不熟练	□熟练 □不熟练	□合格 □不合格
4	资料、信息查询能力	□能正确地使用维修手册查询资料 □能正确地记录所需信息	10	未完成1项扣3分	□熟练 □不熟练	□熟练 □不熟练	□合格 □不合格
5	数据判断和分析能力	□能判断工具元件好坏 □能判断动力蓄电池包工作是否正常	10	未完成1项扣3分	□熟练 □不熟练	□熟练 □不熟练	□合格 □不合格
6	表单填写报告的撰写能力	□字迹清晰 □语句通顺 □无错别字 □无涂改 □无抄袭	5	未完成1项扣1分，扣分不得超过5分	□熟练 □不熟练	□熟练 □不熟练	□合格 □不合格
总分：						
小组评语及建议			组长签名： 　　　　　年　月　日		
教师评语及建议			教师签名： 　　　　　年　月　日		

学习活动 2　动力蓄电池管理系统通信故障检修

 资讯

情景描述 》》》

某比亚迪新能源汽车 4S 店的高级汽车维修工小蔡接到一张任务工作单：一辆 2019 款比亚迪 e5 纯电动汽车的车主报修该车无法行驶，起动车辆后，仪表上动力蓄电池故障指示灯点亮，OK 灯不亮，无法上高压。小蔡使用故障诊断仪初步检测，读出动力蓄电池管理系统的相关故障码，查询维修手册，其含义为：BIC CAN 通信超时故障，现需进一步检修以确认故障原因。如果你是小蔡，应该如何检修该故障呢？

任务要求 》》》

请你根据任务情境描述，在规定的时间内，编制 2019 款比亚迪 e5 纯电动汽车动力蓄电池管理系统通信故障检修的方案并按照方案实施：

(1) 请列出需要和车主沟通的内容。

(2) 完成车辆的环车检查，填写好健诊报告单。

(3) 能就车认识动力蓄电池管理系统的结构和通信过程，并理解其控制策略。

(4) 请查阅该车型的维修手册，查看 2019 款比亚迪 e5 纯电动汽车动力蓄电池管理系统电路图，列出可能产生的故障原因，并说明理由。

(5) 查阅维修手册等资料，制订一份尽可能详细的动力蓄电池管理系统通信故障的检修方案，并全面而细致地说明采取此方案的理由。

(6) 能根据计划规范完成动力蓄电池管理系统通信故障检修作业，同时列出在检修过程中需要注意的事项。

建议学时 》》》

11 学时

二 计划

动力蓄电池管理系统简介

知识链接

1. 动力蓄电池管理系统概述

1) 动力蓄电池管理系统的功能

动力蓄电池管理系统是整车能源管理系统的一个子系统,是电动汽车节能、减排和延长续驶里程的重要管理机构。它可保护动力蓄电池,合理地使用并管理动力蓄电池组的电能,并为驾驶人提供并显示动力蓄电池组的动态变化参数等。

动力蓄电池管理系统与电动汽车的动力蓄电池紧密结合在一起,随时对动力蓄电池的电压、电流、温度进行检测,同时还进行漏电检测、热管理、电池均衡管理、报警提醒、计算剩余容量、放电功率,报告荷电状态(State of Charge,SOC)、性能状态,也称健康状态(State of Health,SOH)。还根据动力蓄电池的电压、电流及温度用算法控制最大输出功率以获得最大续驶里程,以及用算法控制充电机进行最佳电流的充电,通过CAN总线接口与车载总控制器、电机控制器、能量控制系统、车载显示系统等进行实时通信,以避免出现过放、过充、过热和单体蓄电池电压不一致现象,最大限度地利用动力蓄电池存储能力和循环寿命。动力蓄电池管理系统的常见功能模块可以分为测量功能、状态估计功能、系统辅助功能和通信与故障诊断,详见表3-3。

动力蓄电池管理系统常见功能模块 表3-3

功能模块	关键技术项目	相关系统和装置	功能
测量功能	建立蓄电池模型	—	描述蓄电池参数的动态变化规律,用数字方程表达,用于动力蓄电池系统仿真
	数据监测及采集	集中式或分布式监测装置	单体蓄电池电压、电流,动力蓄电池组总电压、总电流,控制均衡充放电策略
状态估计功能	能量管理	蓄电池管理模块	根据蓄电池的电压、电流及SOC控制电流的充放电,防止过充和过放
	状态估算	蓄电池管理模块	根据动力蓄电池SOC和SOH的算法,估算蓄电池寿命(衰减)状态

续上表

功能模块	关键技术项目	相关系统和装置	功能
辅助系统功能	热量管理	热量检测模块及传感器	冷却系统和冷却装置（风扇或液泵）检测及控制
	数据显示	仪表、显示器	动力蓄电池组实时电压、电流、SOC、剩余电量、温度等数据显示和故障报警等
通信与故障诊断	安全管理	自动断电、报警	动力蓄电池过充、过放、过压、过流、高温等危险状态自动切断电源、报警等
	数据处理与通信	串行通信接口、CAN总线	单体蓄电池采用串行通信接口，整车管理系统采用 CAN 总线

2）动力蓄电池管理系统的结构

2019 款比亚迪 e5 纯电动汽车的动力蓄电池管理系统采用的是分布式动力蓄电池管理系统，主要由 1 个动力蓄电池管理控制器（BMC）、13 个动力蓄电池信息采集器（BIC）和 1 套动力蓄电池采样线构成。

动力蓄电池管理控制器的主要功能有充放电管理、接触器控制、功率控制、动力蓄电池异常状态报警和保护、SOC/SOH 计算、自检以及通信功能等。

动力蓄电池信息采集器的主要功能有动力蓄电池电压采样、温度采样、电池均衡、采样线异常检测等。

动力蓄电池采样线的主要功能是连接动力蓄电池管理控制器和动力蓄电池信息采集器，实现二者之间的通信及信息交换。

3）动力蓄电池管理控制器及信息采集器的接口

2019 款比亚迪 e5 纯电动汽车动力蓄电池及其控制系统的状态和故障信息通过整车 CAN 网络上传给动力蓄电池管理系统。

（1）2019 款比亚迪 e5 纯电动汽车动力蓄电池信息采集器 BIC 插口定义如图 3-8、表 3-4 所示。

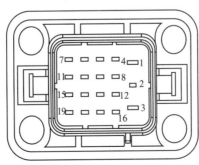

图 3-8 2019 款比亚迪 e5 纯电动汽车动力蓄电池信息采集器 BIC 插口

2019 款比亚迪 e5 纯电动汽车动力蓄电池信息采集器 BIC 插口定义　　表 3-4

引脚号	端口名称	端口定义	信号类型	稳态工作电流	冲击电流和堵转电流	电源性质
D-1	NC	NC	—	—	—	—
D-2	NC	NC	—	—	—	—
D-3	NC	NC	—	—	—	—
D-4	采集器电源正	采集器电源正	电压	1.3A	—	—
D-5	负极接触器电源	负极接触器电源	电压	—	—	—
D-6	分压接触器电源 1	分压接触器电源 1	电压	—	—	—
D-7	分压接触器电源 2	分压接触器电源 2	电压	—	—	—
D-8	正极接触器电源	正极接触器电源	—	—	—	—
D-9	高压互锁信号输入	高压互锁信号输入	PWM	—	—	—
D-10	采集器 CAN 屏蔽地	采集器 CAN 屏蔽地	NC	—	—	—
D-11	NC	NC	NC	—	—	—
D-12	采集器 CANL	采集器 CANL	—	—	—	—
D-13	采集器 CANH	采集器 CANH	—	—	—	—
D-14	高压互锁信号输出	高压互锁信号输出	PWM	—	—	—
D-15	采集器电源地	采集器电源地	电压	1.3A	—	—
D-16	负极接触器控制	负极接触器控制	—	0.1A	—	—
D-17	分压接触器控制 1	分压接触器控制 1	—	0.1A	—	—
D-18	分压接触器控制 2	分压接触器控制 2	—	0.1A	—	—
D-19	正极接触器控制	正极接触器控制	—	0.1A	—	—

（2）2019 款比亚迪 e5 纯电动汽车动力蓄电池管理器 BMC 插口定义如图 3-9、表 3-5 所示。

图 3-9　2019 款比亚迪 e5 纯电动汽车动力蓄电池管理器 BMC 插口

2019 款比亚迪 e5 纯电动汽车动力蓄电池管理器 BMC 插口定义　　表 3-5

连接端子	端子名称	线束接法	信号类型	稳态工作电流
BMC01-1	电池子网	接动力蓄电池包	CAN 信号	≤1A
BMC01-2	电池子网 CAN 屏蔽地	接动力蓄电池包 33PIN-5	接地	≤1A
BMC01-3	BMS 通信转换模块 +12V	接动力蓄电池包 33PIN-11	电压	1.5A
BMC01-6	直流交电唤醒信号	接直流充电口 12PIN-2	电平信号	≤1A
BMC01-8	充电仪表指示灯信号	仪表	电平信号	≤1A
BMC01-9	电分压接触器控制信号	接动力蓄电池包 33PIN-18	电压	1.5A
BMC01-10	电池子网 CANL	接动力蓄电池包 33PIN-4	CAN 信号	≤1A
BMC01-11	通信转换模块电源 GND	接动力蓄电池包 33PIN-16	接地	≤1A
BMC01-33	直流充电正极接触器控制信号	接充配电总成 33PIN-9	电平信号	≤1A
BMC01-34	NC	—	—	—
BMC02-1	12V 常电	整车低压线束	电压	1.5A
BMC02-4	PWM 输出 1	接动力蓄电池包 33PIN-30	PWM 信号	≤1A
BMC02-5	PWM 输入 1	接充配电总成 33PIN-13	PWM 信号	≤1A
BMC02-7	直流充电接触器烧结检测信号	接充配电总成 33PIN-11	电平信号	≤1A
BMC02-10	PWM 输出 2	接充配电总成 33PIN-14	PWM 信号	≤1A
BMC02-11	PWM 输入 2	接充配电总成 33PIN-15	PWM 信号	≤1A
BMC02-21	车身地	整车低压线束	接地	≤1A
BMC02-22	NC	—	—	—
BMC02-25	直流充电子网 CANL	接直流充电口 12PIN-4	CAN 信号	≤1A

2. 动力蓄电池管理系统的控制策略

1) 状态分析

对蓄电池状态的分析主要是蓄电池剩余电量(SOC 评估)及蓄电池衰减程度(SOH 评估)两方面。通过 SOC 评估能够直观地显示蓄电池剩余电量对续驶里程的影响。为确保 SOC 的分析准确度,必须考虑蓄电池在使用过程中的所有影响因素。而 SOC 的分析会受到 SOH 的影响,蓄电池的 SOH 在使用过程中受到温度、电流等持续影响而需要不断进行分析,以确保 SOC 分析的准确性。

在对 SOC 的分析上,主要有电荷计量法、开路电压法、卡尔曼滤波法、人工神经网络算法和模糊逻辑法等。在此只对电荷计量法和开路电压法做简单介绍。

(1) 电荷计量法。

电荷计量法是通过对一段时间内蓄电池充入、放出的电荷进行统计,即电流在时间上的累积来计算得到 SOC。这是最常用的一种计量方法,但仍会受到很多因素的影响,包括数据采用精度、自放电问题等。例如,由于采用的电流传感器的精度不足,用于积分计算的电流与真实值之间存在误差,使得 SOC 的结果偏差越来越大。因此,在采用电荷计量法时需要用到一些修正算法对各种影响因素进行校正,减少计算分析结果的误差。

(2) 开路电压法。

开路电压法是在蓄电池处于静置状态下测量电池的开路电压来计算蓄电池的 SOC。但需要注意的是,采用开路电压法时一般认为 SOC 与电动势有一定的线性关系,任意一个 SOC 值都只对应一个电动势值。在采用开路电压法必须要考虑到电压回弹效应,在电压没有回弹到稳定值时计算得到的 SOC 会偏小。与电荷计量法相比较,开路电压法在蓄电池正常工作时不能使用,这是它最大的问题。

现阶段要对 SOC 进行十分精确的测量存在很大的困难,比如由于传感器精度和电磁干扰引起采样数据的不准确带来状态分析的偏差。另外,动力蓄电池的不一致性、历史数据、使用工况的不明确性也对 SOC 的计算带来很大的影响。

动力蓄电池放电功率控制策略根据动力蓄电池系统 SOC 及单体电芯平均温度 T_{ave} 调整当前状态最大允许放电功率。BMS 上报当前状态最大允许放电功率给整车控制器 VCU,间接控制动力蓄电池放电功率;当 SOC 和单体电芯平均温度 T_{avg} 发生变化时 BMS 以 20ms 变化 0.5kW 的速率调整当前状态最大允许放电功率。

2) 均衡控制

由于生产制造和工作环境的影响会造成单体蓄电池的不一致性,在电压、容量、内阻等性质上出现差别,导致每个单体蓄电池在实际使用过程中有效容量和充放电电量是不一样的。因此,为保证蓄电池系统的整体性能和延长使用寿命,为减少单体蓄电池之间的差异性而对蓄电池进行均衡控制是十分必要的。

均衡管理有助于蓄电池容量的保持和放电深度的控制。根据蓄电池自身储电与放电特性,当某个单体蓄电池充满电而其他单体蓄电池没有充满时,或者某个最小电量的单体蓄电池放电截止而其他蓄电池还没有达到放电截止限制时,对蓄电池组的充放电进行控制。这也是一种蓄电池自我保护的特性,也是为了防止出现蓄电池过充或者过放电,导致蓄电池内部会发生一些不可逆的化学反应使蓄电池的性质受到影响,从而影响蓄电池的使用寿命。

按照均衡管理中的电路结构和控制方式这两个方面来归纳,前者分为集中式均衡和分布式均衡,后者分为主动均衡和被动均衡。集中式均衡是指蓄电池组内所有的单体蓄电池共用一个均衡器来进行均衡控制,而分布式均衡是一个或若干个单体蓄电池专用一个均衡器。前者通信简单直接,进行均衡速度快。但单体蓄电池与均衡器之间的线束排布复杂,不适合单体数量多的蓄电池系统。后者能够解决前者线束方面的问题,缺点是成本高。主动均衡又称非耗散型均衡,就是进行单体蓄电池之间的能量转移。将能量高的单体蓄电池中的能量转移到能量低的单体上以达到能量均衡目的。被动式则是耗散型均衡,利用并联电阻等方式将能量高的单体中能量消耗至与其他单体均衡的状态。主动式均衡效率高,能量转移而不是被消耗,但结构复杂带来成本的上升。

目前主流的均衡指标主要有蓄电池实际容量、蓄电池端电压和蓄电池荷电状态。蓄电池实际容量均衡是以蓄电池实际容量趋于一致为目的。其办法是将充满状态的蓄电池组继续小电流充电,即用过充办法直到正负极板上出现气泡,消除小容量蓄电池对整体蓄电池性能的影响,但是过充影响蓄电池寿命,不安全。

蓄电池端电压均衡是以使端电压趋于一致为目的。但实际情况下,蓄电池内阻的不同对端电压的影响是不可避免的。因此,充电时内阻大的电压端电压大,需要对其放电均衡,内阻小的端电压小,需要对其充电均衡;而在放电时情况完全相反,内阻大的端电压小,需要对其充电均衡,内阻小的端电压大,需要对其放电均衡。这样整个充放电均衡过程非常混乱,效果并不理想。

蓄电池荷电状态均衡是以使蓄电池 SOC 值一致为目的,提高功率输出,保证安全性。但是难点在于 SOC 的不确定影响因素太多,如何精确估算 SOC 是关键。精确估算 SOC 能放心地减少额外冗余,提高蓄电池可使用容量,增加车辆续驶里程。

3)电池热管理

动力蓄电池系统由于具有一定的内阻,在不同运行工况下,在输出功率、电能的同时,其自身会产生一定的热量。这些热量的聚集会使蓄电池温度升高,而由于空间布置的不同使得蓄电池组各处温度不一致。当蓄电池温度超出其正常工作温度区间时,必须限功率工作,否则轻则会影响蓄电池的使用寿命,严重时会引起蓄电池热失控。为了保证动力蓄电池系统的电输出性能和使用寿命,动力蓄电池系统必须设计热管理系统。动力蓄电池热管理系统是用来确保动力蓄电池系统工作在适宜温度范围内的一套管理系统,主要由电池箱、传热介质、监测设备等部件构成。

(1)动力蓄电池热管理系统的功能。

动力蓄电池管理系统在热管理上的主要功能是对蓄电池温度进行准确的测量和监控,在蓄电池组温度过高时进行有效散热和通风,保证蓄电池组温度场的均匀分布。在低温的条件下能够进行快速加热,使蓄电池组达到能够正常工作的环境。

动力蓄电池组热管理系统有如下5项主要功能：①准确测量和监控蓄电池温度；②蓄电池组温度过高时进行有效散热和通风；③低温条件下对蓄电池组快速加热；④有害气体产生时进行有效通风；⑤保证蓄电池组内部温度均匀。

（2）电池内传热的基本方式。

电池内热传递方式主要有热传导、对流换热和辐射换热三种方式。电池和环境的热量交换也是通过辐射、传导和对流这三种方式进行的。

热辐射是指物体由于具有温度而辐射电磁波的现象，主要发生在电池表面，与电池表面材料的性质相关。

热传导是指物体与物体直接接触而产生的热传递。电池内部的电极、电解液、集流体等都是热传导介质，而将电池作为整体，电池和外部环境的温度和环境热传导性质决定了环境中的热传导。

热对流是指电池表面的热量通过环境介质（一般为流体）的流动交换热量，它也和温差成正比。对于单体蓄电池内部而言，热辐射和热对流的影响很小，热量的传递主要是由热传导决定的。电池自身吸热的大小与其材料的比热容有关，比热容越大，散热越多，电池的温升越小。如果散热量大于或等于产生的热量，则电池温度不会升高；如果散热量小于所产生的热量，热量将会在电池体内产生热积累，电池温度升高。

（3）动力蓄电池组热管理系统形式。

按照传热介质，可将动力蓄电池组热管理系统分为空冷、液冷和相变材料冷却三种。考虑到材料的研发以及制造成本等问题，目前最有效且最常用的散热系统是采用空气和冷却液作为散热介质。按照散热风道结构不同，空气冷却系统可分为串行通风方式和并行通风方式两种，如图3-10和图3-11所示。而现在，高速电动汽车为了增大散热量常采用冷却液强制循环冷却方式，利用大量冷却液的循环流动带走动力蓄电池自身热量。

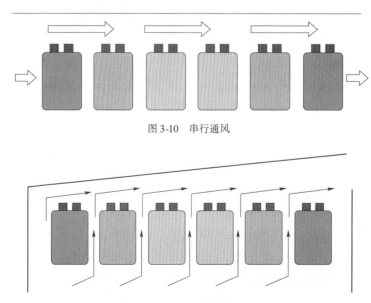

图3-10　串行通风

图3-11　并行通风

除了为动力蓄电池散热以外,热管理系统在环境温度过低的情况下也为动力蓄电池组加热,以提高其工作效率。加热系统与散热系统采用同一套系统部件,只是增设加热元件,部分车辆通过安装电加热装置提升加热效果。

4)安全保护

安全保护管理系统是在烟雾报警、绝缘检测、自动灭火、过电压和过电流控制、过放电控制、防止温度过高、发生碰撞等危险情况下能够自动关闭电源,从而保障车辆和人员安全的系统。

电动汽车动力蓄电池系统电压平台有300V和600V,已经大大超过了人体可以承受的安全电压。因此,电气绝缘性能是电安全管理的重要内容,绝缘性能的好坏不仅关系到电气设备和系统能否正常工作,更重要的是还关系到人的生命财产安全。

纯电动汽车驱动能量的唯一来源是动力蓄电池,因此,纯电动汽车的高压电配置中只有动力蓄电池组一个高压母线电路,高压电安全管理系统对高压电路的用电及安全进行直接的管理和控制。

安全保护作为整个动力蓄电池管理系统最重要的功能,是基于以下四个功能而进行的,主要包括过电流保护、过充过放保护、过温保护和绝缘监测。

(1)过电流保护。由于蓄电池都具备一定的内阻,当蓄电池在工作时,电流过大会造成蓄电池内部发热,热量积累增加造成蓄电池温度上升,从而导致蓄电池的热稳定性下降。对于锂离子蓄电池来说,正负极材料的脱嵌锂离子能力是一定的,当充放电电流大于其脱嵌能力时,将使其极化电压增加,从而导致蓄电池的实际容量减小影响蓄电池使用寿命,严重时会影响蓄电池的安全性。动力蓄电池管理系统会判断电流值是否超过安全范围,一旦超过则会采取相应的安全保护措施。

(2)过充过放保护。在充电过程中,充电电压超过蓄电池截止充电电压时,蓄电池内正极晶格结构会被破坏,导致蓄电池容量变小,并且电压过高时会增加正负极短路发生爆炸的隐患。BMS会检测系统中单体蓄电池的电压,当电压超过充电限制电压时,BMS会断开充电回路从而保护蓄电池系统。在放电过程中,放电电压低于蓄电池放电截止电压时,蓄电池负极上的金属集流体将被溶解,给蓄电池造成不可逆的损害。给过度放电的蓄电池充电时会有内部短路或者漏液的可能。当电压超过放电限制电压时,BMS会断开放电回路从而保护蓄电池系统。

(3)过温保护。对于过温保护,需要结合上面的热管理功能进行。蓄电池活性在不同温度下有所不同。长时间处在高温环境下,蓄电池材料的结构稳定性会变差从而缩短蓄电池使用寿命。低温下蓄电池活性受限会造成可用容量减小,尤其是充电容量将变得很低,同时可能产生安全隐患。动力蓄电池管理系统能够在蓄电池温度超过高温限制值或低于低温限制值时,禁止进行充放电。

(4)绝缘监测。绝缘监测功能也是保证蓄电池系统安全的重要功能之一。蓄电池系统电压通常有几百伏,一旦出现漏电将会对人员形成危险,所以绝缘监测功能就显得相当重要。BMS会实时监测总正和总负对车身搭铁的绝缘阻值,如果绝缘阻值低于安全范围,则会上报故障并断开高压电。

5)通信与故障存储功能

通过动力蓄电池管理系统实现蓄电池参数和信息与车载设备或非车载设备的通信,为充放电控制和整车控制提供数据依据是动力蓄电池管理系统的重要功能之一。根据应用需要,数据交换可采用不同的通信接口,如模拟信号、PWM信号、CAN总线或I2C串行接口。

CAN(Controller Area Network)即控制器局域网络。由于其高性能、高可靠性及独特的设计,CAN越来越受到人们的重视。CAN总线是一种串行数据通信协议,其通信接口中集成了CAN协议的物理层和数据链路层功能,可完成对通信数据的成帧处理,包括位填充、数据块编码、循环冗余检验、优先级判别等工作。2019款比亚迪e5纯电动汽车CAN局域网络拓扑结构图如图3-12所示,从结构图上可以清晰看出各控制模块与CAN总线的连接形式。

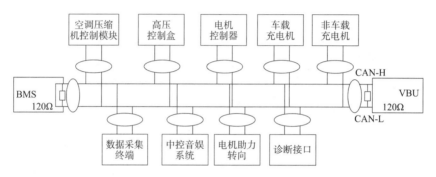

图3-12　2019款比亚迪e5CAN局域网络拓扑结构图

动力蓄电池管理系统的主要工作原理为:在车辆点火开关起动、各电子控制单元上电后,通过蓄电池信息采集器(BIC)采集各个单体蓄电池的数据并通过蓄电池子网CAN输送给蓄电池管理器(BMC)进行梳理、运算和分析,然后动力蓄电池管理系统根据分析结果,通过CAN总线对系统内的相关功能模块发出控制指令,传递参数信息,并与整车控制器(VCU)通过CAN进行数据交换,由VCU进行车辆各系统尤其是动力系统的综合控制;若系统发生故障,BMS等控制单元会通过CAN总线发送故障信息,同时对车辆的状态参数进行实时监测。VCU按照控制策略中的故障处理原则对故障进行相应的处理,并将故障信息以故障码的方式存储在非易失性存储器中,供外接故障诊断设备通过CAN总线与车载自诊断管理单元进行诊断通信。

根据车辆设计的需要,还可以在车内设置显示信息装置以及控制按键、旋钮等部件,为用户更加直观地获取故障提供方便。

故障诊断及容错控制在任何控制器当中都是非常重要的部分,蓄电池管理单元的故障也需要以故障码(DTC)的形式来进行报警,并通过DTC触发仪表板当中的指示灯。在新能源汽车的仪表系统中,蓄电池故障也有对应的指示灯来及时提醒驾驶人。由于蓄电池的危险性,往往还需要车联系统直接进行信息传送,以应对突然出现的危险事故应急处理。

3. 动力蓄电池管理系统常见故障及其处理方法

1）供电后系统不工作

可能原因：供电电压异常，双路电电压异常，线束短路或是断路，动力 CAN 异常。

故障排除：

（1）检查外部电源给动力蓄电池管理系统的供电电压是否正常，是否能达到动力蓄电池管理系统要求的最低工作电压，查看外部电源是否有限流设置，以致动力蓄电池管理系统的供电功率不足。

（2）检查电源管理系统的线束是否存在短路或是断路，对所有损坏的线束进行修复。

（3）外部供电和线束都正常，则查看动力蓄电池管理系统中动力 CAN 是否正常，如有异常修复动力 CAN。

2）BMS 不能与 ECU 通信

可能原因：BMC（主控模块）未工作，CAN 信号线断线。

故障排除：

（1）检查 BMC 的电源 12V 是否正常；检测 BMC 搭铁是否正常。

（2）检查 CAN 信号传输线是否损坏或插头未连接牢固。

（3）检查 BMC 到网关的线束是否正常。

3）绝缘检测报警

可能原因：动力蓄电池或负载端（电机、电机控制器、空调压缩机、PTC、高压电缆等）存在漏电，绝缘模块检测线安装牢固。

故障排除：

（1）使用上位机软件/诊断仪查看绝缘检测数据，查看蓄电池母线电压，负母线对地电压是否正常。

（2）使用绝缘摇表分别测量母线和负载端的设备对地之间的绝缘电阻。

4）上电后主继电器不吸合

可能原因：负载检测线未接，预充接触器开路，预充电阻开路，正、负极接触器损坏。

故障排除：

（1）使用上位机软件/诊断仪查看母线电压数据，查看蓄电池母线电压，负载母线电压是否正常。

（2）检查预充过程中负载母线电压是否有上升。

（3）检测正、负极接触器自身元件是否损坏。

（4）蓄电池管理器故障。

5）采集模块数据为 0（无数据）

可能原因：采集模块采集线路断路或短路，采集模块损坏。

故障排除：

(1)重新拔插模块接线。

(2)使用万用表测量采集线插接件处单体的电压,看是否正常。

(3)使用万用表测量温度传感器线插头处阻值是否正常。

(4)使用万用表测量采集器的供电电压是否正常。

(5)检查采集器之间的子网 CAN 是否正常。

6)蓄电池电流数据异常

可能原因：霍尔传感器信号线插头松动,霍尔传感器线路与元件损坏,采集模块损坏。

故障排除：

(1)重新拔插电流霍尔传感器信号线。

(2)检查霍尔传感器电源是否正常,信号输出是否正常。

(3)更换采集模块。

7)蓄电池温度异常

可能原因：温度传感器元件及其线路损坏,散热风扇电路连接故障,散热风扇故障。

故障排除：

(1)检查温度传感器安装,检测温度传感器线路及其元件。

(2)重新拔插风扇插头线,检测风扇电路连接情况。

(3)给风扇单独供电,检查风扇是否正常。

任务确认

1.明确工作任务

请认真阅读信息页中工作情境描述,用彩笔标记关键词,用一句话总结你需要完成的任务及要求。

工作要求

2.环车检查

比亚迪汽车服务店健诊报告单

车牌_____的车主,您好！我们已为您车辆进行全面健康检查,检查结果如下,请您查阅！

健诊项目			免检	正常	异常	已排除
VDS 程序扫描			○	○	○程序需更新　○车辆有故障	○
▲模式转换	EV、HEV		○	○	○不能转换	○
	EV（ECO、SPORT）		○	○	○不能转换	○
	HEV（ECO、SPORT）		○	○	○不能转换	○
▲充电口簧片			○	○	○建议更换	○
▲高压部件			○	○	○建议更换	○
▲动力蓄电池			○	○	○刮擦凹陷深度　　mm　○故障码　○建议更换	○
车辆灯光			○	○	○(　　)灯故障　○建议更换灯泡　○建议更换总成	○
空气滤芯			○	○	○建议更换	○
空调滤芯			○	○	○建议更换	○
制动踏板限位垫			○	○	○建议更换	○
转向助力泵油液液位			○	○	○缺少　○建议更换	○
制动液	油壶液位		○	○	○缺少	○
	油质颜色		○	○	○建议更换	○
冷却液液位			○	○	○缺少　○建议更换	○
发动机皮带及附件			○	○	○皮带松旷　○皮带老化、开裂、磨损严重	○
胎压	前	左(　)kPa, 右(　)kPa	○	○	○气压偏低或高	○
	后	左(　)kPa, 右(　)kPa	○	○	○气压偏低或高	○
	备用轮胎(　　)kPa		○	○	○气压偏低或高	○
轮胎	划伤情况		○	○	○建议更换	○
	鼓包情况		○	○	○建议更换	○
胎纹深度	前	左(　)mm, 右(　)mm	○	○	○建议更换	○
	后	左(　)mm, 右(　)mm	○	○	○建议更换	○
	备用轮胎(　　)mm		○	○	○建议更换	○
摩擦块厚度	前	左(　)mm, 右(　)mm	○	○	○建议更换	○
	后	左(　)mm, 右(　)mm	○	○	○建议更换	○
制动系统	制动盘		○	○	○表面有裂纹　○过度磨损　○跳动异常	○

续上表

健诊项目	免检	正常	异常					已排除
车轮螺母力矩	○	○	○力矩不正常					○
变速器滤清器盖罩	○	○	○磨损					○
底盘检查	○	○	○油液泄漏　○磕碰损伤　○螺栓松动					○
建议			检查日期	年	月	日	时	分
			技师签名					

3. 故障现象确认

（1）上电观察组合仪表 OK 指示灯是否点亮？

（2）观察组合仪表哪些故障指示灯点亮_____。

进一步确认故障现象为_____。

故障信息

（1）连接故障诊断仪 VDS2100，执行上电操作，打开故障诊断仪，进入数据总线诊断接口，读取并记录相关故障代码与数据流。车辆下电后清除故障码，车辆再次上电后，使用故障诊断仪再次读取故障码并和之前的故障码进行对比，分析故障码的性质。

故障代码	故障含义
数据流	数据流相应参数

（2）查阅维修手册或维修资料，并在下方图框处画出 2019 款比亚迪 e5 纯电动汽车动力蓄电池管理系统的电路原理图。

（3）根据电路图分析 2019 款比亚迪 e5 纯电动汽车动力蓄电池管理系统通信故障原因，讨论并完成下面的故障分析图，并编制纯电动汽车动力蓄电池管理系统通信故障基本检查实施方案。

新能源汽车动力蓄电池故障检修 | 学习任务三

相关内容记录
①故障现象记录
②故障原因分析
③检修方案编制

三、决策

教师对各小组制订的故障检修方案进行点评,并进行修改完善。

优化后的实施方案

四、实施

动力蓄电池管理系统通信故障检修流程如下。

1. 验证故障现象	
 踩下制动踏板,并按下起动开关,观察仪表	踩下制动踏板,并按下起动开关,观察仪表提示信息及警告灯。 提示:主要是留意仪表提示信息

续上表

2.安全防护工作	
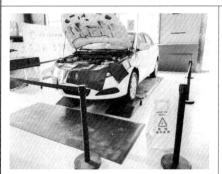 检查绝缘垫,布置警戒线,摆放警示牌	(1)检查绝缘垫,布置警戒线,摆放警示牌
 检查绝缘手套、绝缘鞋、护目镜、安全帽	(2)绝缘手套、绝缘鞋、护目镜、安全帽外观及性能检查
 检查工具外观及性能	(3)绝缘万用表和绝缘工具箱外观及性能检查
 铺设车内外防护套件	(4)铺设翼子板防护垫、汽车维修三件套、脚垫

续上表

3.系统检测	
 连接诊断仪	(1)连接诊断仪。 提示：诊断接口位于驾驶人仪表板的下部
 踩下制动踏板,并按下起动开关	(2)踩下制动踏板,并按下起动开关
 读取故障码	(3)读取故障码。 提示：读取时先扫描所有模块

续上表

4.线路及元器件检测	
 测量 BMC 正极端子对地电压	(1)测量 BMC 供电正极端子对地电压值。 提示：①ON 挡测电压； ②断开插头前需整车断电（OFF 挡断蓄电池负极）
 测量级联模块正极端子对地电压	(2)测量级联模块电源正极端子对地电压值。 提示：①ON 挡测电压； ②断开插头前需整车断电（OFF 挡断蓄电池负极）
 测量蓄电池子网终端阻值	(3)测量蓄电池子网 CAN-H 与蓄电池子网 CAN-L 终端阻值。 提示：断电测电阻
 测量 CAN-H 线束阻值	(4)测量 BMC 中 BK45(A)/1 号端子与蓄电池组 BK51/10 号端子之间蓄电池子网 CAN-H 线束阻值。 提示：测量时断开两边插头

续上表

4.线路及元器件检测	
 测量 CAN-L 线束阻值	(5)测量 BMC 中 BK45(A)/10 号端子与蓄电池组 BK51/4 号端子之间蓄电池子网 CAN-L 线束阻值,发现阻值不正常,确认线束断路,更换线束
5.验证故障	
 观察仪表	(1)打开点火开关,踩制动踏板,观察仪表是否正常
 观察故障码	(2)连接诊断仪,清除故障码,观察故障码是否已经清除

五 检查

用故障诊断仪读取故障代码,根据诊断仪读出故障类型。
(1)关闭点火开关。
(2)将故障诊断仪连接到汽车故障诊断接口(U31)。
(3)按照诊断仪上的提示读出故障代码(DTC)。
(4)清除故障码。
(5)再次读取故障码(是否依然存在故障码,在相应的横线上打√)。

新能源汽车高压系统检修

是_____否_____

（6）验证能否正常上电、行驶及仪表有无故障警报灯。

（7）整理，恢复作业场地。

 评估

活动总结

请根据工作过程撰写技术总结。

_____技术总结
1.故障现象
2.故障原因
3.基本检修过程
4.操作经验和不足

活动评价

1. 结果检验

序号	检查项目	结果（打√或×）
1	维修后故障代码读取，并填写读取结果，与原故障码相关的动态数据检查结果，维修后的功能确认并填写结果	
2	动力蓄电池管理系统通信故障是否排除	
3	实施过程中操作规范	
4	执行企业安全生产制度、环保管理制度以及"8S"管理规定	

2. 根据下表进行自评、互评、教师评价

动力蓄电池管理系统通信故障检修		实习日期：	
姓名：	班级：	学号：	教师签名：
自评：□熟练 □不熟练	互评：□熟练 □不熟练	师评：□合格 □不合格	
日期：	日期：	日期：	

动力蓄电池管理系统通信故障检修【评分细则】							
序号	评分项	得分条件	分值(分)	评分要求	自评	互评	师评
1	安全/8S/态度	□能进行工位"8S"操作 □能进行设备和工具安全检查 □能进行车辆安全防护操作 □能进行工具清洁、校准、存放操作 □能进行三不落地操作	15	未完成1项扣3分，扣分不得超过15分	□熟练 □不熟练	□熟练 □不熟练	□合格 □不合格
2	专业技能能力	□能正确描述故障现象 □能正确分析故障原因 □能正确进行检修流程	50	未完成1项扣5分	□熟练 □不熟练	□熟练 □不熟练	□合格 □不合格
3	工具及设备的使用能力	□能正确地使用维修工具	10	未完成1项扣3分，扣分不得超过10分	□熟练 □不熟练	□熟练 □不熟练	□合格 □不合格
4	资料、信息查询能力	□能正确地使用维修手册查询资料 □能正确地记录所需维修信息	10	未完成1项扣3分	□熟练 □不熟练	□熟练 □不熟练	□合格 □不合格
5	数据判断和分析能力	□能判断控制器元件好坏 □能判断CAN通信线路好坏	10	未完成1项扣3分	□熟练 □不熟练	□熟练 □不熟练	□合格 □不合格
6	表单填写报告的撰写能力	□字迹清晰 □语句通顺 □无错别字 □无涂改 □无抄袭	5	未完成1项扣1分，扣分不得超过5分	□熟练 □不熟练	□熟练 □不熟练	□合格 □不合格

总分：			
小组评语及建议		组长签名： 年　月　日	
教师评语及建议		教师签名： 年　月　日	

学习活动 3　动力蓄电池冷却系统故障检修

一　资讯

情景描述 »»»

某比亚迪新能源汽车 4S 店的高级汽车维修工小蔡接到一张任务工作单：一辆 2019 款比亚迪 e5 纯电动汽车的车主报修该车无法行驶，起动车辆后，仪表上动力蓄电池过热指示灯点亮，OK 灯不亮。小蔡使用故障诊断仪初步检测，读出动力相关故障码，进一步检修发现动力蓄电池冷却系统冷却液泵出现故障。如果你是小蔡，应该如何检修该故障呢？

任务要求 »»»

请你根据任务情境描述，在规定的时间内，制订 2019 款比亚迪 e5 纯电动汽车动力蓄电池冷却系统故障检修的方案并按照方案实施：

（1）请列出需要和车主沟通的内容。

（2）完成车辆的环车检查，填写好健诊报告单。

（3）能就车认识动力蓄电池冷却系统的结构，并理解其控制策略。

（4）请查阅该车型的维修手册，查看 2019 款比亚迪 e5 纯电动汽车动力蓄电池冷却系统电路图，列出可能产生的故障原因，并说明理由。

（5）查阅维修手册等资料，制订一份尽可能详细的动力蓄电池冷却系统故障的检修方法，并全面而细致地说明采取此方案的理由。

（6）能根据计划规范完成动力蓄电池冷却系统故障检修作业，同时列出在检修过程中需要注意的事项。

建议学时 »»»

11 学时

二　计划

知识链接 »»»

荣威 E50 纯电动汽车
电池冷却系统组成

1. 动力蓄电池冷却系统组成

目前，电动汽车动力蓄电池为锂离子蓄电池，锂离子蓄电池的性能对温度变化较敏感，车辆上的装载空间有限，车辆所需电池数目较大，电池均为紧密排列连接。在电动汽车中，冷却系统主要分为两部分：一是对动力系统的驱动电机、车辆控制器和DC/DC变换器等部件冷却，二是对供电系统的动力蓄电池和车载充电机冷却。此处仅探讨动力蓄电池冷却系统。

当车辆在高速、低速、加速、减速等交替变换的不同行驶状况下运行时，蓄电池会以不同倍率放电，以不同生热速率产生大量热量，加上时间累积以及空间影响会产生不均匀热量聚集，从而导致蓄电池组运行环境温度复杂多变。

动力蓄电池冷却性能的好坏直接影响其效率，同时也会影响到电池寿命和使用安全。由于充放电过程中蓄电池本身会产生一定热量，从而导致温度上升，而温度升高会影响蓄电池的很多特性参数，如内阻、电压、SOC、可用容量、充放电效率和电池寿命。为了使动力蓄电池发挥最佳性能和寿命，需要优化动力蓄电池组的结构，对它进行热管理，增加散热设施，控制动力蓄电池运行的温度环境。国内外电动汽车动力蓄电池组的冷却方式主要有空气冷却、液体冷却、热管冷却等。

2019款比亚迪e5纯电动汽车动力蓄电池组冷却系统采用的是液体冷却的方式，其结构主要由电池补偿水桶、热交换器、PTC加热器、电池冷却管路组成。

1）冷却液泵

冷却液泵的作用是对整个动力蓄电池组的冷却系统中的冷却液进行强制循环，如图3-13所示。

2）热交换板

热交换板是冷却液的散热装置，当冷却液温度过高时，热交换器内冷却装置工作，吸收冷却液的热量，使冷却液降温，如图3-14所示。

图3-13 冷却液泵结构图

图3-14 热交换板结构图

3）PTC加热器

加热器在冷却系统冷却液温度过低时，用来加热冷却液，蓄电池管理器通过PTC加热器对动力蓄电池组进行热管理。

2. 动力蓄电池冷却系统控制策略

动力蓄电池冷却介质通过板式换热器和空调制冷介质进行热量交换。在板式换热器里面降温后的动力蓄电池冷却介质通过电动冷却液泵带到动力蓄电池组里面与蓄电池进行热量交换,从而带走蓄电池的热量,达到为蓄电池降温的效果。空调根据动力蓄电池组目标冷却液温度,通过调节板式换热器处制冷剂的状态(压力、温度、流量)和压缩机转速来控制动力蓄电池组进水管温度,从而达到较精准的蓄电池冷却控制效果。

条件:单体蓄电池超过35℃,温差超过5℃,开始自动液冷冷却;动力蓄电池组均温超过35℃,由空调制冷剂冷却,温度降至33℃时停止。直流充电:≥33℃;交流充电:≥35℃开启。

(1)当蓄电池温度过高时,主控制器控制冷却液泵开始工作,从而达到降温的目的。

(2)动力蓄电池组冷却管路平铺在每个动力蓄电池组底部和侧部,通过冷却液的循环带走动力蓄电池组的热量,使动力蓄电池组处于合适的工作温度。

3. 动力蓄电池冷却液循环路线图

如图3-15所示,动力蓄电池冷却液循环工作模式主要有以下几种:

(1)乘员舱制冷:关闭动力蓄电池冷却电子膨胀阀。根据目标通道温度来控制电动压缩机的转速。

(2)动力蓄电池冷却:关闭空调电子膨胀阀,打开动力蓄电池冷却电子膨胀阀。根据过热度控制电子膨胀阀开度;根据动力蓄电池组进口的冷却液温度来控制电动压缩机的转速,且开启冷却液泵。

(3)乘员舱制冷和动力蓄电池冷却:打开两个电子膨胀阀。根据乘员舱目标通道温度及动力蓄电池组进口的冷却液温度共同控制电动压缩机的转速(或者传动带驱动压缩机的开关),且开启冷却液泵。

(4)动力蓄电池内循环:空调收到BMS内循环命令后,空调开启电动冷却液泵。

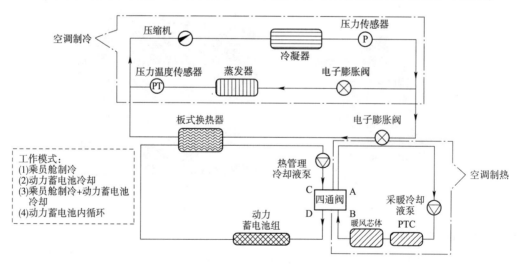

图3-15 动力蓄电池冷却液循环路线图

4. 动力蓄电池的发热原因

动力蓄电池作为电动汽车的动力能源,其充电、做功的发热一直阻碍着电动汽车的发展。动力蓄电池的性能与电池温度密切相关。40~50℃以上的高温会明显加速蓄电池的衰老,更高的温度(120~150℃以上)则会引发蓄电池热失控。

动力蓄电池工作后是必然要发热的,常态下是可控的,但是非常态下会失控。如果失控,必然会发生火灾。技术上必须要搞清楚,对失控原因分析是必要的工作。归纳起来,有内、外两个方面的基本原因。

(1)外因:过充电触发热失控、外力导致热失控、过热触发热失控。

(2)内因:蓄电池内部短路触发热失控。

参与"热失控"反应的是锂离子蓄电池中的氧化钴。加热这种化学物达到一定温度,它就开始自发热,然后发展成起火和爆炸。在某些情况下,这种有机电解液释放压力会导致电池破裂。如果暴露在高温环境下,或者是遇到火花,也有可能会燃烧。

从本质上而言,"热失控"是一个能量正反馈循环过程:升高的温度会导致系统变热,系统变热升高温度,这又反过来让系统变得更热。

热失控现象及其强度与锂离子蓄电池组的大小、配置和蓄电池单元的数量有关。小型锂离子蓄电池组只有几个锂离子蓄电池单元,所以热失控从有问题的蓄电池单元传播到其他单元的机会相对较低。而巨大的蓄电池组就是另外一回事了:它们装在密封的金属盒里,不能排放余热,当一个蓄电池单元热到足以点燃电解质时,其余的蓄电池单元就会迅速跟进。

锂离子蓄电池充电时,金属锂的表面沉积非常容易聚结成枝杈状锂枝晶,从而刺穿隔膜,造成正负极直接短路。而且,金属锂非常活泼,可直接和电解液反应放热,其熔点又很低,即使表面金属锂枝晶没有刺穿隔膜,只要温度稍高,金属锂就会熔化,从而引发短路。材料发生氧化还原热反应的温度越高,表明其氧化能力越弱,正极材料的氧化能力越强,发生反应就越剧烈,也越容易引发安全事故。

动力蓄电池是能源系统,工作一定会发热。要保障绝对安全,必须从工程上用可靠的技术来保障其发热是可控的。

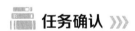 任务确认

1.明确工作任务

请认真阅读信息页中工作情境描述,用彩笔标记关键词,用一句话总结你需要完成的任务及要求。

工作要求

2. 环车检查

比亚迪汽车服务店健诊报告单

车牌_____的车主，您好！我们已为您车辆进行全面健康检查，检查结果如下，请您查阅！

健诊项目		免检	正常	异常	已排除
VDS 程序扫描		○	○	○程序需更新　○车辆有故障	○
▲模式转换	EV、HEV	○	○	○不能转换	○
	EV（ECO、SPORT）	○	○	○不能转换	○
	HEV（ECO、SPORT）	○	○	○不能转换	○
▲充电口簧片		○	○	○建议更换	○
▲高压部件		○	○	○建议更换	○
▲动力蓄电池		○	○	○刮擦凹陷深度　　mm　○故障码　○建议更换	○
车辆灯光		○	○	○(　　)灯故障　○建议更换灯泡　○建议更换总成	○
空气滤芯		○	○	○建议更换	○
空调滤芯		○	○	○建议更换	○
制动踏板限位垫		○	○	○建议更换	○
转向助力泵油液液位		○	○	○缺少　○建议更换	○
制动液	油壶液位	○	○	○缺少	○
	油质颜色	○	○	○建议更换	○
冷却液液位		○	○	○缺少　○建议更换	○
发动机皮带及附件		○	○	○皮带松旷　○皮带老化、开裂、磨损严重	○
胎压	前 左(　)kPa， 右(　)kPa	○	○	○气压偏低或高	○
	后 左(　)kPa， 右(　)kPa	○	○	○气压偏低或高	○
	备用轮胎(　)kPa	○	○	○气压偏低或高	○
轮胎	划伤情况	○	○	○建议更换	○
	鼓包情况	○	○	○建议更换	○
胎纹深度	前 左(　)mm， 右(　)mm	○	○	○建议更换	○
	后 左(　)mm， 右(　)mm	○	○	○建议更换	○
	备用轮胎(　)mm	○	○	○建议更换	○

续上表

健诊项目			免检	正常	异常	已排除
摩擦块厚度	前	左( )mm, 右( )mm	○	○	○建议更换	○
	后	左( )mm, 右( )mm	○	○	○建议更换	○
制动系统		制动盘	○	○	○表面有裂纹　○过度磨损　○跳动异常	○
车轮螺母力矩			○	○	○力矩不正常	○
变速器滤清器盖罩			○	○	○磨损	○
底盘检查			○	○	○油液泄漏　○磕碰损伤　○螺栓松动	○
建议				检查日期	年　　月　　日　　时　　分	
				技师签名		

3. 故障现象确认

（1）上电观察组合仪表 OK 指示灯是否点亮？

（2）观察组合仪表哪些故障指示灯点亮＿＿＿＿＿＿＿＿＿＿＿＿。

进一步确认故障现象为：＿＿＿＿＿＿＿＿＿＿＿＿。

故障信息

（1）连接故障诊断仪 VDS2100，执行上电操作，打开故障诊断仪，进入数据总线诊断接口，读取并记录相关故障代码与数据流。车辆下电后清除故障码，车辆再次上电后，使用故障诊断仪再次读取故障码并和之前的故障码进行对比，分析故障码的性质。

故障代码	故障含义
数据流	数据流相应参数

（2）查阅维修手册或维修资料，并在下方图框处画出 2019 款比亚迪 e5 纯电动汽车动力蓄电池冷却系统的电路原理图。

（3）根据电路图分析 2019 款比亚迪 e5 纯电动汽车动力蓄电池冷却系统故障原因，讨论并完成下面的故障分析图，并编制纯电动汽车动力蓄电池冷却系统故障基本检查实施方案。

相关内容记录
①故障现象记录
②故障原因分析
③检修方案编制

三 决策

教师对各小组制订的故障检修方案进行点评，并进行修改完善。

优化后的实施方案

四 实施

动力蓄电池冷却系统故障检修流程如下。

1. 验证故障现象	
 踩下制动踏板，并按下起动开关，观察仪表	踩下制动踏板，并按下起动开关，观察仪表提示信息及警告灯。 提示：主要是留意仪表提示信息

续上表

2. 场地准备	
 铺设绝缘垫	(1)检查并铺设绝缘垫
 设置隔离栏	(2)设立隔离栏,布置警戒线,隔离间距保持在1~1.5m
 设置安全警示牌	(3)设置"高压危险""有电危险""禁止合闸"等警示牌,防止他人误碰
 检查绝缘手套	(4)检查绝缘手套外观是否龟裂老化,气密性是否良好

续上表

2. 场地准备	
 检查护目镜	(5)检查护目镜镜面是否有划痕裂纹,镜带是否松弛失效
 检查安全帽	(6)检查安全帽外观有无破损,佩戴时必须紧固锁扣
 检查绝缘鞋	(7)检查绝缘鞋外观是否良好,是否有开胶断底等现象,如果有则更换
 检查绝缘工具	(8)检查绝缘工具外观绝缘层是否破损严重,工具数量是否有缺失

续上表

	2. 场地准备
 安装车外三件套	（9）安装翼子板布、格栅布
 安装车内三件套	（10）安装转向盘套、座椅套、脚垫
 安装车轮挡块	（11）按照对角线方向，分别在前后车轮上位置安装车轮挡块
	3. 整车下电
 断开蓄电池负极	（1）低压蓄电池负极断开后需绝缘处理

续上表

3. 整车下电	
 绝缘处理	
 拆卸维修开关	（2）使用绝缘工具拆卸检修开关遮板固定螺栓，佩戴维修手套拆下检修开关。将检修开关锁入维修柜安全存放。并在拆除后的相应位置放置标有"有电危险"的警示牌，等待10min

续上表

4.举升车辆	
 举升车辆	举升车辆至合适的位置
5.拆卸动力蓄电池组冷却液泵	
 拆卸冷却液管	(1)用鲤鱼钳拆下动力蓄电池组冷却液泵上的进水管和出水管卡箍,拔下水管。 提示:管内有液体,用专用容器回收冷却液
 拆卸低压插接线束	(2)拔下冷却液泵低压插接线束,拆下冷却液泵固定螺栓
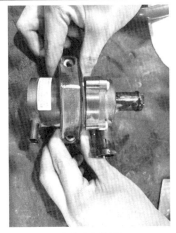 检查冷却液泵	(3)将冷却液泵取下,检查动力蓄电池组冷却液泵外观及插口是否损坏,发现插口有损坏,更换动力蓄电池组冷却液泵

续上表

5.拆卸动力蓄电池组冷却液泵	
 安装冷却液泵	(4)安装动力蓄电池组冷却液泵。 提示:管路检查,确保冷却液管路
 安装维修开关	(5)安装维修开关
 连接蓄电池负极电缆	(6)连接蓄电池负极电缆
 加注冷却液	(7)加注冷却液

续上表

	5.拆卸动力蓄电池组冷却液泵
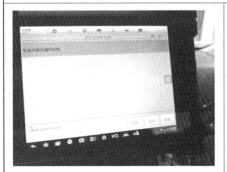 打开动力蓄电池冷却液内循环	(8)起动车辆,连接诊断仪,打开动力蓄电池冷却内循环控制
 再次加注冷却液	(9)打开补偿水桶盖,再次缓慢加注冷却液,直至补偿水桶内冷却液量达到容积80%左右,且液位不再下降
	6.验证故障
 观察仪表	(1)打开点火开关,踩制动踏板,观察仪表是否正常
 观察故障码	(2)连接诊断仪,清除故障码,观察故障码是否已经清除

五 检查

用故障诊断仪读取故障代码,根据诊断仪读出故障类型。
(1) 关闭点火开关。
(2) 将故障诊断仪连接到汽车故障诊断接口(U31)。
(3) 按照诊断仪上的提示读出故障代码(DTC)。
(4) 清除故障码。
(5) 再次读取故障码(是否依然存在故障码,在相应的横线上打√)。
　　　是_____否_____
(6) 验证能否正常上电、行驶及仪表有无故障警报灯。
(7) 整理,恢复作业场地。

六 评估

请根据工作过程撰写技术总结。

_____技术总结
1. 故障现象
2. 故障原因
3. 基本检修过程
4. 操作经验和不足

活动评价

1. 结果检验

序号	检查项目	结果（打√或×）
1	维修后故障代码读取，并填写读取结果，与原故障码相关的动态数据检查结果，维修后的功能确认并填写结果	
2	动力蓄电池冷却系统故障是否排除	
3	实施过程中操作规范	
4	执行企业安全生产制度、环保管理制度以及"8S"管理规定	

2. 根据下表进行自评、互评、教师评价

动力蓄电池冷却系统故障检修				实习日期：	
姓名：		班级：		学号：	教师签名：
自评：□熟练　□不熟练		互评：□熟练　□不熟练		师评：□合格　□不合格	
日期：		日期：		日期：	

动力蓄电池冷却系统故障检修【评分细则】							
序号	评分项	得分条件	分值（分）	评分要求	自评	互评	师评
1	安全/8S/态度	□能进行工位"8S"操作 □能进行设备和工具安全检查 □能进行车辆安全防护操作 □能进行工具清洁、校准、存放操作 □能进行三不落地操作	15	未完成1项扣3分，扣分不得超过15分	□熟练 □不熟练	□熟练 □不熟练	□合格 □不合格
2	专业技能能力	□能正确描述故障现象 □能正确分析故障原因 □能正确进行检修流程	50	未完成1项扣5分	□熟练 □不熟练	□熟练 □不熟练	□合格 □不合格
3	工具及设备的使用能力	□能正确地使用维修工具	10	未完成1项扣3分，扣分不得超过10分	□熟练 □不熟练	□熟练 □不熟练	□合格 □不合格
4	资料、信息查询能力	□能正确地使用维修手册查询资料 □能正确地记录所需维修信息	10	未完成1项扣3分	□熟练 □不熟练	□熟练 □不熟练	□合格 □不合格

续上表

序号	评分项	得分条件	分值(分)	评分要求	自评	互评	师评
5	数据判断和分析能力	□能判断控制器元件好坏 □能判断数据流是否正常	10	未完成1项扣3分	□熟练 □不熟练	□熟练 □不熟练	□合格 □不合格
6	表单填写报告的撰写能力	□字迹清晰 □语句通顺 □无错别字 □无涂改 □无抄袭	5	未完成1项扣1分,扣分不得超过5分	□熟练 □不熟练	□熟练 □不熟练	□合格 □不合格
总分:							
小组评语及建议			组长签名: 年 月 日				
教师评语及建议			教师签名: 年 月 日				

学习活动 4　动力蓄电池高压互锁故障检修

一、资讯

情景描述 >>>

某比亚迪新能源汽车4S店的高级汽车维修工小蔡接到一张任务工作单:一辆2019款比亚迪e5纯电动汽车的车主报修该车无法行驶,起动车辆后,仪表上OK灯不亮,无法上高压。小蔡使用故障诊断仪初步检测,读出动力蓄电池管理系统的相关故障码,查询维修手册,其含义为:高压互锁自检故障,现需进一步检修以确认故障原因。如果你是小蔡,应该如何检修该故障呢？

任务要求 >>>

请你根据任务情境描述,在规定的时间内,制订2019款比亚迪e5纯电动汽车动力蓄电池高压互锁故障检修方案并根据方案实施:

(1)请列出需要和车主沟通的内容。

(2)完成车辆的环车检查,填写好健诊报告单。

(3)能就车认识高压互锁的作用,并理解其控制策略。

（4）请查阅该车型的维修手册,查看 2019 款比亚迪 e5 纯电动汽车动力蓄电池高压互锁电路图,列出可能产生的故障原因,并说明理由。

（5）查阅维修手册等资料,制订一份尽可能详细的动力蓄电池高压互锁故障的检修方法,并全面而细致地说明采取此方案的理由。

（6）能根据计划规范完成动力蓄电池高压互锁故障检修作业,同时列出在检修过程中需要注意的事项。

 建议学时 >>>

11 学时

比亚迪 E5 高压互锁
工作原理

 知识链接 >>>

1.高压互锁的作用

高压互锁简写为 HVIL（High Voltage Inter-lock）,是纯电动汽车中使用的一种安全设计措施,整车在高压上电前确保整个高压系统的完整性,使高压处于一个封闭的环境下。

2.高压互锁的工作原理

正常情况下,低压检测回路将所有的高压接插件、保护开关、监测器串联在一起,当某一高压接插件断开,低压信号回路就会断开,互锁监测器检测到这一断路信号后就会反馈给 BMS,BMS 就会断开主正、负继电器,从而切断高压电的输出,如图 3-16 所示。

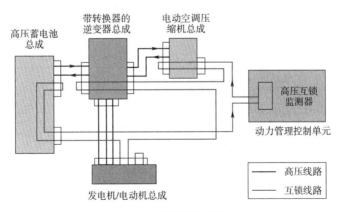

图 3-16 高压互锁电路图

3.高压互锁回路设计原则

由于电动汽车动力系统是由多个子系统组成的,他们之间都是靠高压连接器相互连接,同时运行的环境十分恶劣,大多数工况处在振动与冲击条件下。因此,高压互锁设计是确保人员安全和车辆设备安全运行的关键。

总体来看,电动汽车高压互锁回路设计须遵循以下原则:

(1) HVIL 回路必须能够有效、实时、连续地监测整个高压回路的通断情况。

(2) 所有高压连接器应具备机械互锁装置,并且只有 HVIL 回路先行断开以后才能接通连接器。

(3) 所有高压连接器在非人为的情况下,不能被接通或断开。

(4) HVIL 回路应具备在某种特殊情况下,可以直接通过 BMS 检测 HVIL 回路,直接断开高压回路。

(5) 无论电动汽车在任何状态,HVIL 在识别到危险时,车辆必须对危险情况做出报警提示,需要仪表或指示器以声或光报警的形式提醒驾驶人。

任务确认

1. 明确工作任务

请认真阅读信息页中工作情境描述,用彩笔标记关键词,用一句话总结你需要完成的任务及要求。

工作要求

2. 环车检查

比亚迪汽车服务店健诊报告单

车牌_____的车主,您好!我们已为您车辆进行全面健康检查,检查结果如下,请您查阅!

健诊项目		免检	正常	异常	已排除
VDS 程序扫描		○	○	○程序需更新 ○车辆有故障	○
▲模式转换	EV、HEV	○	○	○不能转换	○
	EV(ECO、SPORT)	○	○	○不能转换	○
	HEV(ECO、SPORT)	○	○	○不能转换	○
▲充电口簧片		○	○	○建议更换	○
▲高压部件		○	○	○建议更换	○
▲动力蓄电池		○	○	○刮擦凹陷深度____mm ○故障码 ○建议更换	○
车辆灯光		○	○	○(　　)灯故障 ○建议更换灯泡 ○建议更换总成	○

续上表

健诊项目			免检	正常	异常	已排除
空气滤芯			○	○	○建议更换	○
空调滤芯			○	○	○建议更换	○
制动踏板限位垫			○	○	○建议更换	○
转向助力泵油液液位			○	○	○缺少　○建议更换	○
制动液	油壶液位		○	○	○缺少	○
	油质颜色		○	○	○建议更换	○
冷却液液位			○	○	○缺少　○建议更换	○
发动机皮带及附件			○	○	○皮带松旷　○皮带老化、开裂、磨损严重	○
胎压	前	左( )kPa, 右( )kPa	○	○	○气压偏低或高	○
	后	左( )kPa, 右( )kPa	○	○	○气压偏低或高	○
	备用轮胎( )kPa		○	○	○气压偏低或高	○
轮胎	划伤情况		○	○	○建议更换	○
	鼓包情况		○	○	○建议更换	○
胎纹深度	前	左( )mm, 右( )mm	○	○	○建议更换	○
	后	左( )mm, 右( )mm	○	○	○建议更换	○
	备用轮胎( )mm		○	○	○建议更换	○
摩擦块厚度	前	左( )mm, 右( )mm	○	○	○建议更换	○
	后	左( )mm, 右( )mm	○	○	○建议更换	○
制动系统	制动盘		○	○	○表面有裂纹　○过度磨损　○跳动异常	○
车轮螺母力矩			○	○	○力矩不正常	○
变速器滤清器盖罩			○	○	○磨损	○
底盘检查			○	○	○油液泄漏　○磕碰损伤　○螺栓松动	○
建议			检查日期	年　月　日　时　分		
			技师签名			

3. 故障现象确认

(1)上电观察组合仪表OK指示灯是否点亮？

新能源汽车高压系统检修

(2) 观察组合仪表哪些故障指示灯点亮_____。

进一步确认故障现象为:_____。

📄 故障信息 »»»

(1) 连接故障诊断仪 VDS2100,执行上电操作,打开故障诊断仪,进入数据总线诊断接口,读取并记录相关故障代码与数据流。车辆下电后清除故障码,车辆再次上电后,使用故障诊断仪再次读取故障码并和之前的故障码进行对比,分析故障码的性质。

故障代码	故障含义
数据流	数据流相应参数

(2) 查阅维修手册或维修资料,并在下方图框处画出 2019 款比亚迪 e5 纯电动汽车动力蓄电池高压互锁的电路原理图。

（3）根据电路图分析 2019 款比亚迪 e5 纯电动汽车动力蓄电池高压互锁故障原因,讨论并完成下面的故障分析图,并编制动力蓄电池高压互锁故障基本检查实施方案。

相关内容记录
①故障现象记录
②故障原因分析
③检修方案编制

三、决策

教师对各小组制订的故障检修方案进行点评,并进行修改完善。

优化后的实施方案

四、实施

动力蓄电池高压互锁故障检修流程如下。

1. 验证故障现象	
 踩下制动踏板,并按下起动开关,观察仪表	踩下制动踏板,并按下起动开关,观察仪表提示信息及警告灯。 提示:主要是留意仪表提示信息
2. 安全防护工作	
 检查绝缘垫,布置警戒线,摆放警示牌	(1)检查绝缘垫,布置警戒线,摆放警示牌

续上表

2. 安全防护工作	
 检查绝缘手套、绝缘鞋、护目镜、安全帽	(2)绝缘手套、绝缘鞋、护目镜、安全帽外观及性能检查
 检查工具外观及性能	(3)绝缘万用表和绝缘工具箱外观及性能检查
 铺设车内外三件套	(4)铺设翼子板防护垫、汽车维修三件套、脚垫
3. 系统检测	
 连接诊断仪	(1)连接诊断仪。 提示:诊断接口位于驾驶人仪表板的下部

续上表

	3.系统检测
 踩下制动踏板,并按下起动开关	(2)踩下制动踏板,并按下起动开关
 读取故障码	(3)读取故障码。 提示:读取时先扫描所有模块
	4.模块及线路检测
 测量端子阻值	(1)测量 BMC 中 BK45(B)/4 号端子与 BK45(B)/5 号端子之间的电阻。 提示:断开插头前需整车断电

续上表

	4.模块及线路检测
 测量端子阻值	(2)测量电池包中 BK51/29 号端子与 BK51/30 号端子之间的电阻。 提示:断开插头前需整车断电
 测量端子阻值	(3)测量 BMC 中 BK45(B)/4 号端子与 BK51/30 号端子之间的电阻,发现阻值不正常,更换线束。 提示:测量时断开两边插头
	5.验证故障
 观察仪表	(1)打开点火开关,踩制动踏板,观察仪表是否正常
 观察故障码	(2)连接诊断仪,清除故障码,观察故障码是否已经清除

五、检查

用故障诊断仪读取故障代码,根据诊断仪读出故障类型。
(1)关闭点火开关。
(2)将故障诊断仪连接到汽车故障诊断接口(U31)。
(3)按照诊断仪上的提示读出故障代码(DTC)。
(4)清除故障码。
(5)再次读取故障码(是否依然存在故障码,在相应的横线上打√)。
　　　是＿＿＿＿＿＿＿＿＿＿＿否＿＿＿＿＿＿＿＿＿＿＿
(6)验证能否正常上电、行驶及仪表有无故障警报灯。
(7)整理,恢复作业场地。

六、评估

请根据工作过程撰写技术总结。

＿＿＿＿＿＿＿＿＿＿技术总结
1. 故障现象
2. 故障原因
3. 基本检修过程
4. 操作经验和不足

新能源汽车高压系统检修

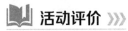

1. 结果检验

序号	检查项目	结果(打√或×)
1	维修后故障代码读取,并填写读取结果,与原故障码相关的动态数据检查结果,维修后的功能确认并填写结果	
2	动力蓄电池高压互锁故障是否排除	
3	实施过程中操作规范	
4	执行企业安全生产制度、环保管理制度以及"8S"管理规定	

2. 根据下表进行自评、互评、教师评价

动力蓄电池高压互锁故障检修				实习日期:	
姓名:		班级:		学号:	教师签名:
自评:□熟练 □不熟练		互评:□熟练 □不熟练		师评:□合格 □不合格	
日期:		日期:		日期:	
动力蓄电池高压互锁故障检修【评分细则】					
序号	评分项	得分条件	分值(分)	评分要求	自评	互评	师评

序号	评分项	得分条件	分值(分)	评分要求	自评	互评	师评
1	安全/8S/态度	□能进行工位"8S"操作 □能进行设备和工具安全检查 □能进行车辆安全防护操作 □能进行工具清洁、校准、存放操作 □能进行三不落地操作	15	未完成1项扣3分,扣分不得超过15分	□熟练 □不熟练	□熟练 □不熟练	□合格 □不合格
2	专业技能能力	□能正确描述故障现象 □能正确分析故障原因 □能正确进行检修流程	50	未完成1项扣5分	□熟练 □不熟练	□熟练 □不熟练	□合格 □不合格
3	工具及设备的使用能力	□能正确地使用维修工具	10	未完成1项扣3分,扣分不得超过10分	□熟练 □不熟练	□熟练 □不熟练	□合格 □不合格
4	资料、信息查询能力	□能正确地使用维修手册查询资料 □能正确地记录所需维修信息	10	未完成1项扣3分	□熟练 □不熟练	□熟练 □不熟练	□合格 □不合格

续上表

序号	评分项	得分条件	分值(分)	评分要求	自评	互评	师评
5	数据判断和分析能力	□能判断控制器元件好坏 □能判断 CAN 通信线路好坏	10	未完成1项扣3分	□熟练 □不熟练	□熟练 □不熟练	□合格 □不合格
6	表单填写报告的撰写能力	□字迹清晰 □语句通顺 □无错别字 □无涂改 □无抄袭	5	未完成1项扣1分,扣分不得超过5分	□熟练 □不熟练	□熟练 □不熟练	□合格 □不合格
总分:							
小组评语及建议			组长签名: 　　　　　　年　月　日				
教师评语及建议			教师签名: 　　　　　　年　月　日				

习题

1. 填空题

(1) 由于新能源汽车上有高压电,因此,在工位地面上需要铺设_____。

(2) 电气工作安全更需要注意绝缘安全用具的使用,绝缘安全用具指带电作业或使用电气工器具时,维修维护作业中为防止工作人员触电,必须使用的_____。

(3) 对高压部件进行作业前,必须确认车辆钥匙处于_____挡位并将 12V 蓄电池负极断开。

(4) 高压互锁的简写是_____。

(5) 高压互锁是_____控制高压。

2. 选择题

(1) 车辆在充电过程中不允许对高压部件进行(　　)、维护等工作。

　　A. 安装　　　　　　　　B. 移除

　　C. 触摸　　　　　　　　D. 检测

(2) 高压部件打开或插头断开后,使用万用表对其电压进行测量,电压在(　　)V 以下才可以进行下一步的操作。

　　A. 24　　　　B. 12　　　　C. 36　　　　D. 48

(3) 以下项目,(　　)在车辆首保中可视检查结果而定是否需要维护。

　　A. 发动机机油　　B. 机油滤清器　　C. 前后制动器

(4) 电池组均温超过(　　)℃,由空调制冷剂冷却,温度降至 33℃时停止。

　　A. 35　　　　B. 37　　　　C. 40　　　　D. 39

(5)空调收到( )内循环命令后,空调开启电动冷却液泵。
   A. BMS   B. 车载充电机
   C. 整车控制器   D. 驱动电机控制器
(6)2019款比亚迪e5纯电动汽车的动力蓄电池管理系统BMS由( )组成。
   A. 动力蓄电池管理控制器BMC   B. BIC
   C. 动力蓄电池采样线   D. 漏电传感器

3. 简答题

(1)高压互锁的设计原则是什么?
_____
_____

(2)2019款比亚迪e5纯电动汽车动力蓄电池冷却系统循环路线是什么?
_____
_____

(3)动力蓄电池管理系统常见的故障有哪些?
_____
_____

学习任务四
新能源汽车驱动电机故障检修

学习目标 >>>

知识目标

1. 了解新能源汽车对驱动电机的基本要求；
2. 能描述驱动电机的性能评价参数和检测方法；
3. 能掌握驱动电机故障诊断流程。

技能目标

1. 能根据维修手册对驱动电机进行检测；
2. 能根据驱动电机故障现象分析故障原因；
3. 能制定驱动电机故障诊断流程；
4. 能根据故障流程进行故障诊断及排除。

素养目标

1. 在学习中获取知识能力、理解能力和沟通能力；
2. 在操作中熟悉流程的标准，提高团队合作能力。

建议学时 >>>

42学时

学习活动 >>>

学习活动1　驱动电机性能检测
学习活动2　驱动电机过热故障检测与排除
学习活动3　驱动电机常见异响故障检测与排除
学习活动4　驱动电机旋变传感器故障检测与排除

学习活动 1　驱动电机性能检测

一、资讯

情景描述

小张和小王同时进汽车维修厂实习,这天车间有一辆新能源汽车的驱动电机总成已经拆了下来,他们两个讨论关于驱动电机温度传感器检测问题。小张说:"温度传感器集成在驱动电机内部,根本没有端子可供检测。"小王说:"温度传感器虽然集成在驱动电机内部,但拆开驱动电机三相高压接口密封盖后,是有一个低压接口的,接口上有温度传感器端子。因此,是可以检测的。但温度传感器如果出现故障,也要更换电机总成。"他们两个谁说的对呢?

任务要求

请你根据任务情境描述,在规定的时间内,制订出驱动电机检测方案并根据方案实施:
(1)查阅该车型的维修手册,制定出驱动电机检测方案,并说明采取此方案的理由。
(2)根据制订的方案,对驱动电机进行检测。
(3)列出驱动电机检测过程中需要注意的事项。

建议学时

10 学时

二、计划

知识链接

1. 驱动电机的性能评价参数及检测
1)驱动电机主要性能评价参数
驱动电机通常有电量参数和非电量参数两种性能评价参数。电量参数包括电压、电流、功率、频率、相位、阻抗、介电强度、谐波等。非电量参数包括转速、转矩、温度、噪声、振动等。

通过以上这些参数,能够了解电机运行时的工作特性,对被测电机进行性能评价。

2)驱动电机基本电量参数的检测

要测量驱动电机的电量参数,就要关注最基本的电量参数:电压、电流、功率、频率和相位。这些参数是通过电子测量仪器进行测量的,根据测量项目的不同,一般会用到电压表、电流表、功率表和频率表等。实际上,当前的电流参数测量技术非常成熟,通常使用功率分析仪(或功率计)即可满足电机所有基本电量参数的测量需求。

功率分析仪(图4-1)实际上是电压表、电流表、功率表和频率表的有机融合,它实现了高精度的电压、电流、频率、相位实时采集,并实时运算出功率结果,可以为使用者提供精准的电机电量参数测试结果,且不同参数之间的采集在时基上是同步的,保证了数据的有效性。

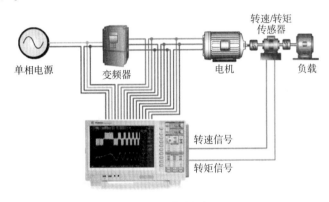

图4-1 功率分析仪

针对这些电量参数的测试,测试仪器有对应的测试指标,如精度、宽带和采样率等,人员在选择测试仪器时要注意仪器的指标是否满足自身需要和相关测试标准要求。

3)电机性能测试

电机性能测试有负载特性测试、T-n 曲线测试、耐久性测试、空载测试、堵转测试、起动电机。

(1)负载特性测试。

测试目的:

负载试验的目的是确定电机的功率、功率因数、转速、定子电流等。

测试方法:

用伺服电动机给被测电机加载,从 150% 额定负载逐步降低到 25% 额定负载,在此范围至少选取 6 个测试点(必须包含 100% 额定负载点),取其电压、电流、功率、转矩和转速等参数并进行计算。

测试依据标准:

①《三相永磁同步电动机试验方法》(GB/T 22669—2008)第 8 章负载实验。

②《三相异步电动机试验方法》(GB/T 1032—2023)第 7 章负载特性试验。

从负载特性作用上看,主要是针对不同负载情况下电机特性的测试,保证电机在不同适用场合下仍能保持良好地运行,保证电机质量,提高生产、生活效率。

(2) T-n 曲线测试。

测试目的:

描绘出电机的转速、转矩关系特性曲线。

测试方法:

通过控制被测电机的转速,测量从 0 转速到最高转速,在不同转速点能输出的最大转矩,绘制出其曲线关系,如图 4-2 所示。

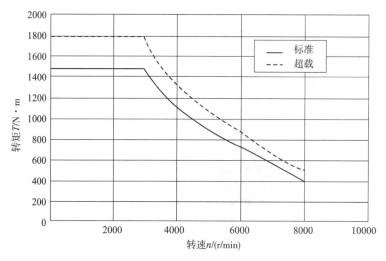

图 4-2 永磁同步电机转速与转矩关系图

根据不同转速对应下的转矩来判断电机基本特性,直观地表现电机运行性能,更好地评估电机的运行状态。

(3) 耐久性测试。

在测试软件中,可由用户设定电机按某个测试方案来进行耐久性测试,如:设定被测电机以 80% 的额定转速运行 10min,之后暂停 5min,再以 120% 的额定转速运行 10min 等。测试该运行过程中的电压、电流、效率、转矩和转速等关键信息。

2. 驱动电机定子绕组检测方法

1) 绝缘电阻测试

绝缘电阻测试是电机定子测试中常用的方法之一,用于评估定子绝缘系统的质量。具体步骤如下:

(1) 首先断开定子绕组与电源的连接。

(2) 将绝缘电阻测试仪的测试线分别连接到定子绕组的不同端点。

(3) 开始测量,记录测试结果。

(4) 根据测量结果与标准值进行比较,判断绝缘系统的状况。

2）相互绝缘测试

相互绝缘测试用于检测定子绕组之间的电气绝缘是否良好。具体步骤如下：

（1）将绝缘电阻测试仪的测试线分别连接到定子绕组的相邻线圈。

（2）开始测量，记录测试结果。

（3）根据测量结果与标准值进行比较，判断绕组间的电气绝缘状态。

3）绕组电阻测试

绕组电阻测试用于评估定子绕组的导体电阻。具体步骤如下：

（1）确保定子绕组处于断电状态，并将测试线连接到绕组的两个端点。

（2）开始测量，记录测试结果。

（3）根据测量结果判断绕组的电阻是否正常。

任务确认

请认真阅读工作情境描述，用彩笔标记关键词，用一句话总结你需要完成的任务及要求。

工作要求

信息归纳

（1）查阅资料，了解新能源汽车对驱动电机的基本要求，与小组内成员讨论，归纳总结，填写在下表中。

序号	基本要求
1	
2	
3	
4	
5	

（2）查阅维修手册或维修资料，并在下方图框处画出旋转变压器端子含义和各绕组电阻标准值。

新能源汽车高压系统检修

（3）根据新能源汽车对驱动电机的基本要求和驱动电机检测方法分析驱动电机检测项目，讨论完成下面的相关内容记录，并初步编制驱动电机性能检测实施方案。

相关内容记录
①驱动电机性能检测项目
②驱动电机性能检测方法
③性能检测方案编制

三　决策

教师对各小组制订的故障检修方案进行点评，并进行修改完善。

优化后的实施方案

四、实施

驱动电机性能检测流程如下。

1. 安全防护工作	
 检查绝缘垫,布置警戒线,摆放警示牌	(1)检查绝缘垫,布置警戒线,摆放警示牌
 检查绝缘手套、绝缘鞋、护目镜、安全帽	(2)绝缘手套、绝缘鞋、护目镜、安全帽外观及性能检查
 检查工具外观及性能	(3)绝缘万用表和绝缘工具箱外观及性能检查

续上表

1.安全防护工作	
  铺设车内外三件套	(4)铺设翼子板防护垫、汽车维修三件套、脚垫
2.驱动电机外观检查	
 检查驱动电机外观	(1)仔细检查驱动电机外观,驱动电机表面不应有锈蚀、碰伤、划痕,涂覆层不应有剥落,紧固件应连接牢固,接线端应完整无损
 检查驱动电机铭牌内容是否清晰	(2)检查驱动电机工作压力、最大功率、最高转速等铭牌内容是否清晰

续上表

3.驱动电机性能检测	
 检测驱动电机冷态绝缘电阻	(1)检测驱动电机冷态绝缘电阻。 提示：①兆欧表电压等级：1000V； ②单手操作； ③参考标准：≥20MΩ
 检测温度传感器与三相线绝缘电阻	(2)检测温度传感器与三相线绝缘电阻。 提示：①兆欧表电压等级：1000V； ②单手操作； ③参考标准：≥20MΩ
 三相绕组短路测量	(3)三相绕组短路测量。 提示：参考标准：<1Ω
 检测绕组断路	(4)绕组断路检测。 提示：不能为0V

3.驱动电机性能检测	
 检测旋变器	(5)旋变器的检测。 提示:点火开关 OFF
 检测温度传感器	(6)温度传感器的检测。 提示:测量条件 10~40℃

五 检查

起动车辆,检查驱动电机工作状态。

(1)关闭点火开关。

(2)将故障诊断仪连接到汽车故障诊断接口(U31)。

(3)按照诊断仪上的提示读出故障代码(DTC)。

(4)清除故障码。

(5)再次读取故障码(是否依然存在故障码,在相应的横线上打√)。

  是_____否_____

(6)如无故障,对车辆执行上电操作。

(7)验证驱动电机是否正常工作。

(8)整理,恢复作业场地。

六、评估

活动总结

请根据工作过程撰写技术总结。

_____技术总结
1. 驱动电机检测技术参数
2. 驱动电机检测方法
3. 基本检修过程
4. 操作经验和不足

活动评价

1. 结果检验

序号	检查项目	结果(打√或×)
1	驱动电机铭牌信息是否已会识读	
2	根据维修手册,驱动电机各项性能是否符合要求	
3	实施过程中操作规范	
4	执行企业安全生产制度、环保管理制度以及"8S"管理规定	

2. 根据下表进行自评、互评、教师评价

驱动电机性能检测			实习日期：		
姓名：	班级：		学号：		教师签名：
自评：□熟练 □不熟练	互评：□熟练 □不熟练		师评：□合格 □不合格		
日期：	日期：		日期：		
驱动电机性能检测【评分细则】					
序号	评分项	得分条件	分值(分)	评分要求	自评	互评	师评

序号	评分项	得分条件	分值(分)	评分要求	自评	互评	师评
1	安全/8S/态度	□能进行工位"8S"操作 □能进行设备和工具安全检查 □能进行车辆安全防护操作 □能进行工具清洁、校准、存放操作 □能进行三不落地操作	15	未完成1项扣3分,扣分不得超过15分	□熟练 □不熟练	□熟练 □不熟练	□合格 □不合格
2	专业技能能力	□能正确描述驱动电机性能评价参数 □能正确描述驱动电机性能检测方法 □能正确完成驱动电机性能检测流程	50	未完成1项扣5分	□熟练 □不熟练	□熟练 □不熟练	□合格 □不合格
3	工具及设备的使用能力	□能正确地使用检测工具	10	未完成1项扣3分,扣分不得超过10分	□熟练 □不熟练	□熟练 □不熟练	□合格 □不合格
4	资料、信息查询能力	□能正确地使用维修手册查询资料 □能正确地记录所需检测信息	10	未完成1项扣3分	□熟练 □不熟练	□熟练 □不熟练	□合格 □不合格
5	数据判断和分析能力	□能判断电机控各部件好坏	10	未完成1项扣3分	□熟练 □不熟练	□熟练 □不熟练	□合格 □不合格
6	表单填写报告的撰写能力	□字迹清晰 □语句通顺 □无错别字 □无涂改 □无抄袭	5	未完成1项扣1分,扣分不得超过5分	□熟练 □不熟练	□熟练 □不熟练	□合格 □不合格
总分：							

续上表

小组评语及建议	组长签名： 年　月　日
教师评语及建议	教师签名： 年　月　日

学习活动 2　驱动电机过热故障检测与排除

情景描述

小王在某比亚迪新能源汽车 4S 店工作，今天接了一辆车，师傅检查后发现，上电后仪表盘上电动机过热故障灯点亮，系统故障灯点亮，驱动电动机系统故障灯点亮，仪表盘显示 OK 指示灯，中控显示微度故障。换挡旋钮旋至 D 挡，车辆无法行驶。告知小王需要诊断仪进一步检查，你知道如何安全、规范地进行驱动电机过热故障诊断吗？

任务要求

请你根据任务情境描述，在规定的时间内，分别完成 2019 款比亚迪 e5 纯电动汽车驱动电机过热故障诊断与排除的方案编制和故障的基本检查实施：

（1）学习接车过程，接车单的填写。

（2）学习抓住客户陈述的重点，用专业语言描述故障现象。

（3）学习与客户沟通技巧，注意礼仪。

（4）请查阅该车型的维修手册，查看 2019 款比亚迪 e5 纯电动汽车驱动系统的电路图，列出可能产生的故障原因，并说明理由。

（5）根据情境描述的故障现象，查阅维修手册等资料，制订一份尽可能详细的驱动电机过热故障诊断与排除的解决方案，并全面而细致地说明采取此方案的理由。

（6）查阅维修手册，对驱动电机进行基本检查。

（7）请列出在维修驱动电机过热基本检查过程中需要注意的事项。

10 学时

二 计划

知识链接

1. 驱动电机过热故障原因分析

2019 款比亚迪 e5 纯电动汽车驱动电机系统在工作中会产生热量，电动水泵带动冷却液在电机及控制器中循环，将热量带到散热器从而散发到空气中。驱动电机定子中有 2 个温度传感器监测电机工作温度，电机控制器根据温度信号及其他相关信号综合控制电机工作，如监测到电机工作温度较高，电机控制器会进行降功率运行，电机工作温度特别高时，电机控制器会停止电机的工作。当电机控制器监测不到电机工作温度信号时，为安全起见，会停止电机的工作，以保护电机驱动系统。

导致驱动电机过热的故障原因主要有电机机械故障、电机温度检测回路故障、冷却液不足、散热器风扇不工作、电动水泵不工作、电机负荷过大与电机工作电流过大等，如图 4-3 所示。

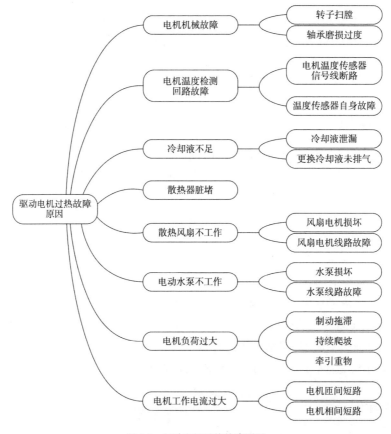

图 4-3 驱动电机过热故障原因

2.驱动电机过热故障诊断流程

驱动电机过热故障诊断流程如图4-4所示。

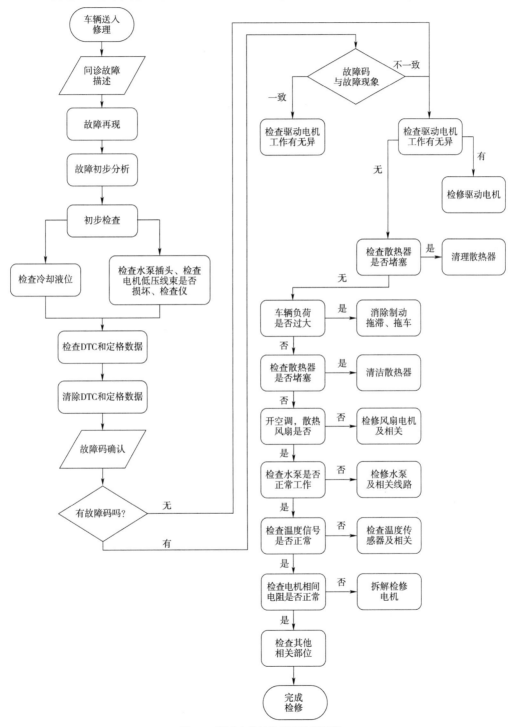

图4-4 驱动电机过热故障诊断流程

新能源汽车高压系统检修

任务确认

1. 明确工作任务

请认真阅读工作情境描述,用彩笔标记关键词,用一句话总结你需要完成的任务及要求。

工作要求

2. 环车检查

比亚迪汽车服务店健诊报告单

车牌_____的车主,您好!我们已为您车辆进行全面健康检查,检查结果如下,请您查阅!

健诊项目		免检	正常	异常	已排除
VDS 程序扫描		○	○	○程序需更新　○车辆有故障	○
▲模式转换	EV、HEV	○	○	○不能转换	○
	EV(ECO、SPORT)	○	○	○不能转换	○
	HEV(ECO、SPORT)	○	○	○不能转换	○
▲充电口簧片		○	○	○建议更换	○
▲高压部件		○	○	○建议更换	○
▲动力蓄电池		○	○	○刮擦凹陷深度　　mm　○故障码　○建议更换	○
车辆灯光		○	○	○(　　)灯故障　○建议更换灯泡　○建议更换总成	○
空气滤芯		○	○	○建议更换	○
空调滤芯		○	○	○建议更换	○
制动踏板限位垫		○	○	○建议更换	○
转向助力泵油液液位		○	○	○缺少　○建议更换	○
制动液	油壶液位	○	○	○缺少	○
	油质颜色	○	○	○建议更换	○
冷却液液位		○	○	○缺少　○建议更换	○
发动机皮带及附件		○	○	○皮带松旷　○皮带老化、开裂、磨损严重	○

续上表

健诊项目			免检	正常	异常	已排除
胎压	前	左( )kPa, 右( )kPa	○	○	○气压偏低或高	○
	后	左( )kPa, 右( )kPa	○	○	○气压偏低或高	○
	备用轮胎( )kPa		○	○	○气压偏低或高	○
轮胎	划伤情况		○	○	○建议更换	○
	鼓包情况		○	○	○建议更换	○
胎纹深度	前	左( )mm, 右( )mm	○	○	○建议更换	○
	后	左( )mm, 右( )mm	○	○	○建议更换	○
	备用轮胎( )mm		○	○	○建议更换	○
摩擦块厚度	前	左( )mm, 右( )mm	○	○	○建议更换	○
	后	左( )mm, 右( )mm	○	○	○建议更换	○
制动系统	制动盘		○	○	○表面有裂纹　○过度磨损　○跳动异常	○
车轮螺母力矩					○力矩不正常	
变速器滤清器盖罩			○	○	○磨损	
底盘检查			○	○	○油液泄漏　○磕碰损伤　○螺栓松动	○
建议				检查日期	年　　月　　日　　时　　分	
				技师签名		

3. 故障现象确认

(1)车辆上电,观察是否正常上电?

(2)观察组合仪表有无提示:_____。

进一步确认故障现象为:_____。

故障信息

(1)连接故障诊断仪 VDS2100,按下一键起动开关,打开故障诊断仪,进入数据总线诊断接口,读取并记录相关故障代码与数据流。车辆下电后清除故障码,车辆再次上电后,使用故障诊断仪再次读取故障码并和之前的故障码进行对比,分析故障码的性质。

新能源汽车高压系统检修

故障代码	故障含义
数据流	数据流相应参数

(2)查阅维修手册或维修资料,并在下方图框处画出 2019 款比亚迪 e5 纯电动汽车驱动电机定子温度传感器与电机控制器的连接电路图。

(3)根据电路图分析 2019 款比亚迪 e5 纯电动汽车驱动电机过热的故障原因,讨论并完成下面的故障分析图,并编制驱动电机过热故障基本检查实施方案。

相关内容记录
①故障现象记录
②故障原因分析
③检修方案编制

三 决策

教师对各小组制订的故障检修方案进行点评,并进行修改完善。

优化后的实施方案

四、实施

驱动电机过热故障诊断与排除流程如下。

1. 验证故障现象	
 踩下制动踏板,并按下起动开关,观察仪表	踩下制动踏板,并按下起动开关,观察仪表提示信息及警告灯。 提示:主要是留意仪表提示信息
2. 安全防护工作	
 检查绝缘垫,布置警戒线,摆放警示牌	(1)检查绝缘垫,布置警戒线,摆放警示牌

续上表

2. 安全防护工作	
 检查绝缘手套、绝缘鞋、护目镜、安全帽	（2）绝缘手套、绝缘鞋、护目镜、安全帽外观及性能检查
 检查工具外观及性能	（3）绝缘万用表和绝缘工具箱外观及性能检查
 铺设车内外三件套	（4）铺设翼子板防护垫、汽车维修三件套、脚垫

续上表

3.系统检测	
 连接诊断仪	（1）连接诊断仪。 提示：诊断接口位于驾驶人仪表板的下部
 踩下制动踏板,并按下起动开关	（2）踩下制动踏板,并按下起动开关
 读取故障码和数据流	（3）读取故障码。 提示：读取时先扫描所有模块

续上表

4. 线路及元器件检测	
  检查冷却液位	(1)检查冷却液位
 检查驱动电机控制器低压接插件	(2)检查驱动电机控制器低压接插件
 检查水泵及相关电路	(3)检查水泵及相关电路

续上表

4.线路及元器件检测	
 检查驱动电机低压线束	(4)检查驱动电机低压线束
 检查温度传感器及相关线路	(5)连接温度传感器,检查温度传感器及相关线路
 连接 MCU 电机控制器	(6)连接 MCU 电机控制器
 检查驱动电机相间电阻是否正常	(7)检查驱动电机相间电阻是否正常

续上表

5. 验证故障	
 观察仪表	(1)打开点火开关,踩制动踏板,观察仪表是否正常
 观察故障码是否已经清除	(2)连接诊断仪,清除故障码,观察故障码是否已经清除

五 检查

用故障诊断仪 VDS2100 读取故障代码,根据诊断仪读出故障类型。
(1)关闭点火开关。
(2)将故障诊断仪连接到汽车故障诊断接口。
(3)按照诊断仪上的提示读出故障代码(DTC)。
(4)清除故障码。
(5)再次读取故障码(是否依然存在故障码,在相应的横线上打√)。
　　　是＿＿＿＿＿＿＿＿＿＿＿＿＿否＿＿＿＿＿＿＿＿＿＿＿＿＿
(6)验证驱动电机是否正常工作。
(7)整理,恢复作业场地。

六 评估

 活动总结

请根据工作过程撰写技术总结。

新能源汽车驱动电机故障检修 | 学习任务四

_____技术总结
1. 故障现象
2. 故障原因
3. 故障基本检查过程
4. 操作经验和不足

活动评价

1. 结果检验

序号	检查项目	结果(打√或×)
1	维修后故障代码读取,并填写读取结果,与原故障码相关的动态数据检查结果,维修后的功能确认并填写结果	
2	驱动电机过热故障是否排除	
3	实施过程中操作规范	
4	执行企业安全生产制度、环保管理制度以及"8S"管理规定	

211

2. 根据下表进行自评、互评、教师评价

驱动电机过热故障诊断与排除			实习日期：	
姓名：	班级：		学号：	教师签名：
自评：□熟练 □不熟练	互评：□熟练 □不熟练		师评：□合格 □不合格	
日期：	日期：		日期：	
驱动电机过热故障诊断与排除【评分细则】				
序号	评分项	得分条件	分值(分)	评分要求	自评	互评	师评
1	安全/8S/态度	□能进行工位"8S"操作 □能进行设备和工具安全检查 □能进行车辆安全防护操作 □能进行工具清洁、校准、存放操作 □能进行三不落地操作	15	未完成1项扣3分，扣分不得超过15分	□熟练 □不熟练	□熟练 □不熟练	□合格 □不合格
2	专业技能能力	□能正确地检查冷却液位 □能正确地检查电动机低压线束接插器 □能正确地检查仪表和中控	50	未完成1项扣5分	□熟练 □不熟练	□熟练 □不熟练	□合格 □不合格
3	工具及设备的使用能力	□能正确地使用维修工具	10	未完成1项扣3分，扣分不得超过10分	□熟练 □不熟练	□熟练 □不熟练	□合格 □不合格
4	资料、信息查询能力	□能正确地使用维修手册查询资料 □能正确地记录所需维修信息	10	未完成1项扣3分	□熟练 □不熟练	□熟练 □不熟练	□合格 □不合格
5	数据判断和分析能力	□能判断驱动电机是否正常工作 □能判断冷却系统的好坏	10	未完成1项扣3分	□熟练 □不熟练	□熟练 □不熟练	□合格 □不合格
6	表单填写报告的撰写能力	□字迹清晰 □语句通顺 □无错别字 □无涂改 □无抄袭	5	未完成1项扣1分，扣分不得超过5分	□熟练 □不熟练	□熟练 □不熟练	□合格 □不合格
总分：							
小组评语及建议			组长签名： 　　　　　　　　年　月　日				
教师评语及建议			教师签名： 　　　　　　　　年　月　日				

学习活动 3　驱动电机常见异响故障检测与排除

资讯

情景描述

某比亚迪新能源汽车 4S 店的高级汽车维修工小王,今天接了一辆车,师傅检查后发现打开点火开关换 D 挡,驱动电机发出隆隆的响声,车辆无法行驶,仪表显示 OK,组合仪表和中控无任何故障显示。告知小王需使用诊断仪进一步检查。如果你是小王,应该如何安全、规范地进行驱动电机异响故障诊断呢?

任务要求

请你根据任务情境描述,在规定的时间内,分别完成 2019 款比亚迪 e5 纯电动汽车驱动电机异响故障诊断与排除的方案编制和故障的基本检查实施:

(1) 请列出需要和车主沟通的内容。

(2) 完成车辆的环车检查,填写好任务委托书。

(3) 能熟练掌握驱动电机的结构,并理解其工作原理。

(4) 请查阅该车型的维修手册,结合 2019 款比亚迪 e5 纯电动汽车驱动系统的工作原理,列出可能产生的故障原因,并说明理由。

(5) 根据情境描述的故障现象,查阅维修手册等资料,制订一份尽可能详细的驱动电机异响故障诊断与排除的解决方案,并全面而细致地说明采取此方案的理由。

(6) 能根据计划规范完成驱动电机异响故障检修作业,同时列出在检修过程中需要注意的事项。

建议学时

10 学时

计划

知识链接

1. 驱动电机异响故障原因分析

2019 款比亚迪 e5 纯电动汽车装备的是三相交流永磁同步电机,转子是永磁体,需

要定子产生旋转磁场,牵引转子转动。驱动电机定子三相绕组中需要通入三相交流电,若驱动电机定子输入缺少一相,就无法形成定子旋转磁场,无法牵引驱动电机起步。剩余两相定子绕组交替产生定子磁场,对转子产生吸引,引起转子振动及定子绕组线圈与铁芯的振动,产生异常。

导致驱动电机异响故障的原因如图 4-5 所示,主要有两个方面。

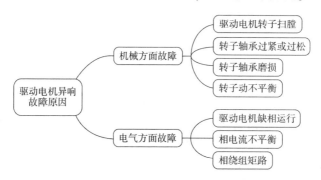

图 4-5 驱动电机异响故障原因

机械方面:主要有驱动电机转子扫膛、转子轴承磨损、转子轴承过松或过紧、转子动不平衡和紧固件松动。

电气方面:主要有驱动电机缺相运行、绕组短路造成的相电流不平衡和相绕组断路等。

2. 驱动电机异响故障诊断流程(图 4-6)

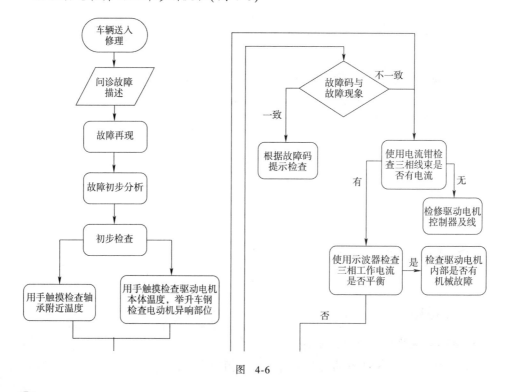

图 4-6

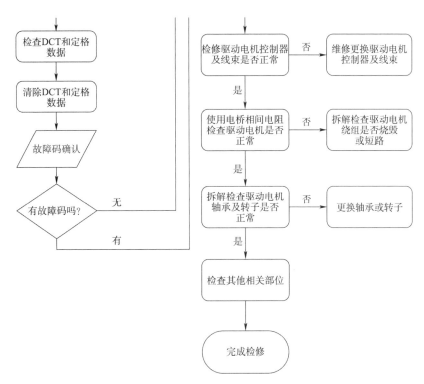

图 4-6 驱动电机异响故障诊断流程

任务确认

1. 明确工作任务

请认真阅读工作情境描述,用彩笔标记关键词,用一句话总结你需要完成的任务及要求。

工作要求

2. 环车检查

比亚迪汽车服务店健诊报告单

车牌_____的车主,您好！我们已为您车辆进行全面健康检查,检查结果如下,请您查阅！

健诊项目			免检	正常	异常	已排除
VDS 程序扫描			○	○	○程序需更新　○车辆有故障	○
▲模式转换	EV、HEV		○	○	○不能转换	○
	EV（ECO、SPORT）		○	○	○不能转换	○
	HEV（ECO、SPORT）		○	○	○不能转换	○
▲充电口簧片			○	○	○建议更换	○
▲高压部件			○	○	○建议更换	○
▲动力蓄电池			○	○	○刮擦凹陷深度　　mm　○故障码　○建议更换	○
车辆灯光			○	○	○（　　）灯故障　○建议更换灯泡　○建议更换总成	○
空气滤芯			○	○	○建议更换	○
空调滤芯			○	○	○建议更换	○
制动踏板限位垫			○	○	○建议更换	○
转向助力泵油液液位			○	○	○缺少　○建议更换	○
制动液	油壶液位		○	○	○缺少	○
	油质颜色		○	○	○建议更换	○
冷却液液位			○	○	○缺少　○建议更换	○
发动机皮带及附件			○	○	○皮带松旷　○皮带老化、开裂、磨损严重	○
胎压	前	左（　　）kPa, 右（　　）kPa	○	○	○气压偏低或高	○
	后	左（　　）kPa, 右（　　）kPa	○	○	○气压偏低或高	○
	备用轮胎（　　）kPa		○	○	○气压偏低或高	○
轮胎	划伤情况		○	○	○建议更换	○
	鼓包情况		○	○	○建议更换	○
胎纹深度	前	左（　　）mm, 右（　　）mm	○	○	○建议更换	○
	后	左（　　）mm, 右（　　）mm	○	○	○建议更换	○
	备用轮胎（　　）mm		○	○	○建议更换	○
摩擦块厚度	前	左（　　）mm, 右（　　）mm	○	○	○建议更换	○
	后	左（　　）mm, 右（　　）mm	○	○	○建议更换	○
制动系统	制动盘		○	○	○表面有裂纹　○过度磨损　○跳动异常	○

续上表

健诊项目	免检	正常	异常	已排除
车轮螺母力矩	○	○	○力矩不正常	○
变速器滤清器盖罩	○	○	○磨损	○
底盘检查	○	○	○油液泄漏　○磕碰损伤　○螺栓松动	○
建议			检查日期　　年　月　日　时　分	
			技师签名	

3. 故障现象确认

(1) 车辆上电,观察是否正常上电?

(2) 观察组合仪表有无提示:＿＿＿＿＿＿＿＿＿＿＿＿。

进一步确认故障现象为:＿＿＿＿＿＿＿＿＿＿＿＿。

故障信息 》》》

(1) 连接故障诊断仪VDS2100,执行上电操作,打开故障诊断仪,进入数据总线诊断接口,读取并记录相关故障代码与数据流。车辆下电后清除故障码,车辆再次上电后,使用故障诊断仪再次读取故障码并和之前的故障码进行对比,分析故障码的性质。

故障代码	故障含义
数据流	数据流相应参数

(2) 查阅维修手册或维修资料,并在下方图框处画出2019款比亚迪e5纯电动汽车驱动系统的电路图。

(3) 根据电路图分析2019款比亚迪e5纯电动汽车驱动电机异响故障原因,讨论并完成下面的故障分析,并编制驱动电机异响故障基本检查实施方案。

新能源汽车高压系统检修

相关内容记录
①故障现象记录
②故障原因分析
③检修方案编制

三 决策

教师对各小组制订的故障检修方案进行点评，并进行修改完善。

优化后的实施方案

四 实施

驱动电机异响故障检修流程如下。

1. 验证故障现象	
 踩下制动踏板,并按下起动开关,观察仪表	踩下制动踏板,并按下起动开关,观察仪表提示信息及警告灯。 提示:主要是留意仪表提示信息

续上表

2.安全防护工作	
 检查绝缘垫,布置警戒线,摆放警示牌	(1)检查绝缘垫,布置警戒线,摆放警示牌
 检查绝缘手套、绝缘鞋、护目镜、安全帽	(2)绝缘手套、绝缘鞋、护目镜、安全帽外观及性能检查
 检查工具外观及性能	(3)绝缘万用表和绝缘工具箱外观及性能检查
 铺设车内外三件套	(4)铺设翼子板防护垫、汽车维修三件套、脚垫

续上表

3. 系统检测	
 连接诊断仪	（1）连接诊断仪。 提示：诊断接口位于驾驶人仪表板的下部
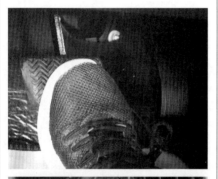 踩下制动踏板，并按下起动开关	（2）踩下制动踏板，并按下起动开关
 读取故障码和数据流	（3）读取故障码。 提示：读取时先扫描所有模块

续上表

4.线路及元器件检测	
 检查驱动电机异响部位	（1）检查驱动电机异响部位。 提示：举升车辆，检查轴承附近及驱动电机本体温度
 检查螺栓紧固情况	（2）检查驱动电机后端盖与悬挂支架，驱动电机前端盖与加速器壳体连接螺栓紧固情况
 检查驱动电机冷却系统管路、水箱管路	（3）检查驱动电机冷却系统管路、水箱管路
 检查各控制单元及线束插头	（4）检查各控制单元及线束插头有无松动、破损等现象

续上表

4.线路及元器件检测	
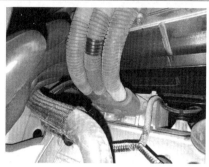 检查驱动电机低压线束插接器和三相线束	(5)断开蓄电池的负极,检查驱动电机低压线束插接器和三相线束
5.验证故障	
 观察仪表	打开点火开关,踩制动踏板,观察仪表是否正常

五 检查

用故障诊断仪 VDS2100 读取故障代码,根据诊断仪读出故障类型。
(1)关闭点火开关。
(2)将故障诊断仪连接到汽车故障诊断接口(U31)。
(3)按照诊断仪上的提示读出故障代码(DTC)。
(4)清除故障码。
(5)再次读取故障码(是否依然存在故障码,在相应的横线上打√)。
　　是＿＿＿＿＿＿＿＿＿＿＿＿＿否＿＿＿＿＿＿＿＿＿＿＿＿＿
(6)验证驱动电机是否正常工作。
(7)整理,恢复作业场地。

六 评估

活动总结

请根据工作过程撰写技术总结。

_____技术总结		
1.故障现象		
2.故障原因		
3.基本检修过程		
4.操作经验和不足		

活动评价

1.结果检验

序号	检查项目	结果(打√或×)
1	维修后故障代码读取,并填写读取结果,与原故障码相关的动态数据检查结果,维修后的功能确认并填写结果	
2	驱动电机异响故障是否排除	
3	实施过程中操作规范	
4	执行企业安全生产制度、环保管理制度以及"8S"管理规定	

2. 根据下表进行自评、互评、教师评价

驱动电机异响故障检修			实习日期：	
姓名：	班级：		学号：	教师签名：
自评：□熟练 □不熟练	互评：□熟练 □不熟练		师评：□合格 □不合格	
日期：	日期：		日期：	
驱动电机异响故障检修【评分细则】				

序号	评分项	得分条件	分值(分)	评分要求	自评	互评	师评
1	安全/8S/态度	□能进行工位"8S"操作 □能进行设备和工具安全检查 □能进行车辆安全防护操作 □能进行工具清洁、校准、存放操作 □能进行三不落地操作	15	未完成1项扣3分，扣分不得超过15分	□熟练 □不熟练	□熟练 □不熟练	□合格 □不合格
2	专业技能能力	□能正确描述驱动电机异响故障现象 □能正确分析驱动电机异响故障原因 □能正确实施驱动电机异响故障检修流程	50	未完成1项扣5分	□熟练 □不熟练	□熟练 □不熟练	□合格 □不合格
3	工具及设备的使用能力	□能正确地使用维修工具	10	未完成1项扣3分，扣分不得超过10分	□熟练 □不熟练	□熟练 □不熟练	□合格 □不合格
4	资料、信息查询能力	□能正确地使用维修手册查询资料 □能正确地记录所需维修信息	10	未完成1项扣3分	□熟练 □不熟练	□熟练 □不熟练	□合格 □不合格
5	数据判断和分析能力	□能判断驱动电机机械元件好坏 □能判断驱动电机电气元件好坏	10	未完成1项扣3分	□熟练 □不熟练	□熟练 □不熟练	□合格 □不合格
6	表单填写报告的撰写能力	□字迹清晰 □语句通顺 □无错别字 □无涂改 □无抄袭	5	未完成1项扣1分，扣分不得超过5分	□熟练 □不熟练	□熟练 □不熟练	□合格 □不合格

续上表

总分：			
小组评语及建议		组长签名： 年 月 日	
教师评语及建议		教师签名： 年 月 日	

学习活动 4　驱动电机旋变传感器故障检测与排除

情景描述

某比亚迪新能源汽车 4S 店的高级汽车维修工小蔡接到一张任务工作单：一辆 2019 款比亚迪 e5 纯电动汽车的车主报修该车无法行驶，不能挂挡。小蔡使用故障诊断仪初步检测，读出驱动电机旋变传感器相关故障码。如果你是小蔡，应该如何检修该故障呢？

任务要求

请你根据任务情境描述，在规定的时间内，完成对 2019 款比亚迪 e5 纯电动汽车驱动电机旋变传感器故障检修的方案编制和基本检查实施：

（1）请列出需要和车主沟通的内容。
（2）完成车辆的环车检查，填写好任务委托书。
（3）能就车认识旋变传感器的结构和位置，并理解其工作原理。
（4）请查阅该车型的维修手册，查看 2019 款比亚迪 e5 纯电动汽车驱动电机旋变传感器的电路图，列出可能产生的故障原因，并说明理由。
（5）查阅维修手册等资料，制订一份尽可能详细的驱动电机旋变传感器故障的检修方法，并全面而细致地说明采取此方案的理由。
（6）能根据计划规范完成驱动电机旋变传感器的故障检修作业，同时列出在检修驱动电机旋变传感器过程中需要注意的事项。

建议学时

12 学时

二、计划

知识链接

1. 旋变传感器概述

1)旋变传感器的定义

旋变传感器又称旋转变压器,部分车型也称解析器、转角传感器,是一种位置传感器,可精确检测转子的位置、方向、速度,用来对驱动电机或发电机(回收能量)进行方向、转速的检测。它是一种电磁式传感器,汽修行业里的人常常称它为"旋变"。

2)正余弦旋变传感器的定义

纯电动汽车上的驱动电机现多为永磁同步电机,这其中"位置传感器"的作用重大,它通常被用于检测电机转子旋转的瞬间准确位置。在 2019 款比亚迪 e5 纯电动汽车中,当励磁绕组以一定频率的交流电压励磁时,输出绕组的电压幅值与转子转角成正、余弦函数关系,因此这种旋变传感器又称为正余弦旋变传感器。

2. 旋变传感器的结构与工作原理

1)旋变传感器的结构

旋转传感器由旋变定子和旋变转子组成。其定子固定于电机定子或端盖上,以检测和输出转子位置信号。定子由高性能硅钢片叠成,上有绕组作为变压器的原边接受励磁电压,励磁频率由控制单元控制,转子绕组相当于变压器的副边,通过电磁耦合在副边线圈上产生感应电压;转子由多个硅钢片组成,与电机同轴,以跟踪电机转子的位置。转子上有一个盘,它是用透磁通的金属制成的,这个转子盘的形状特殊,非圆形,像凸轮盘,如图 4-7 所示。

图 4-7 旋变传感器的结构

2)旋变传感器线圈环结构

该盘被一个固定在壳体上的电磁绕组环所包围着,该电磁线圈环起着定子作用。该线圈环由励磁线圈 A、正弦线圈 S 以及余弦线圈 C 三个单线圈构成,S、C 两线圈互成 90°安装,如图 4-8 所示。其中,励磁线圈 A 负责输入,正弦线圈 S 与余弦线圈 C 负责输出。

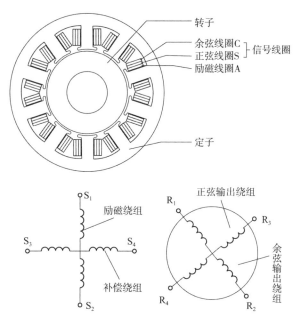

图 4-8 旋变传感器线圈环结构

3) 旋变传感器的工作原理

如图 4-9 所示,励磁线圈通入正弦曲线的励磁电压后,励磁线圈周围产生的交变磁场作用在转子盘上,转子盘将交变磁场的磁通引向接收线圈,接收线圈将感应到一个交变电压,该电压与转子盘的位置成一定的比例,与励磁电压存在相位差。

当电机转子与旋变传感器转子一同转动时,旋变传感器转子转过定子线圈,改变了定子线圈与转子之间的磁通,使得正弦绕组和余弦绕组收到励磁绕组感应,信号幅值产生一定变化,呈正弦和余弦波形。波形的幅值和相位随着旋变传感器转子(与电机转子同转)的变化而变化,因此可以准确判断出电机转子的位置、转速以及方向,如图 4-10 所示。

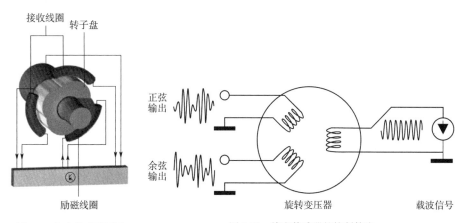

图 4-9 旋变传感器原理示意图

图 4-10 旋变传感器的控制策略

4）2019 款比亚迪 e5 纯电动汽车旋变传感器的电路图及针脚定义

2019 款比亚迪 e5 纯电动汽车旋变传感器的针脚定义如图 4-11 所示。

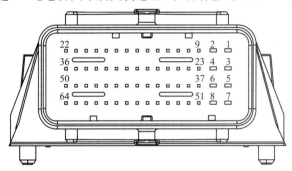

引脚号	端口名称	端口定义	线束接法
59	/EXCOUT	励磁 -	电机
60	EXCOUT	励磁 +	电机
61	COS +	余弦 +	电机
62	COS -	余弦 -	电机
63	SIN +	正弦 +	电机
64	SIN -	正弦 -	电机

图 4-11　2019 款比亚迪 e5 纯电动汽车旋变传感器针脚定义

2019 款比亚迪 e5 纯电动汽车旋变传感器连接电路图如图 4-12 所示。

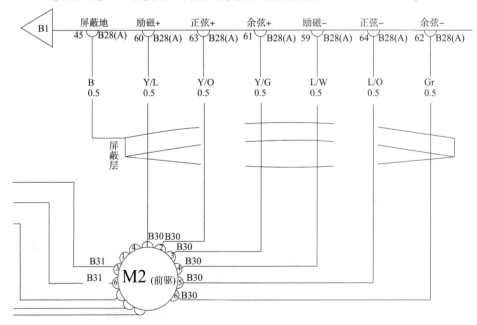

图 4-12　2019 款比亚迪 e5 纯电动汽车旋变传感器连接电路图

新能源汽车驱动电机故障检修 | 学习任务四

任务确认

1. 明确工作任务

请认真阅读信息页中工作情境描述,用彩笔标记关键词,用一句话总结你需要完成的任务及要求。

工作要求

2. 环车检查

比亚迪汽车服务店健诊报告单

车牌_____的车主,您好!我们已为您车辆进行全面健康检查,检查结果如下,请您查阅!

健诊项目		免检	正常	异常	已排除
VDS 程序扫描		○	○	○程序需更新　○车辆有故障	○
▲模式转换	EV、HEV	○	○	○不能转换	○
	EV(ECO、SPORT)	○	○	○不能转换	○
	HEV(ECO、SPORT)	○	○	○不能转换	○
▲充电口簧片		○	○	○建议更换	○
▲高压部件		○	○	○建议更换	○
▲动力蓄电池		○	○	○刮擦凹陷深度　　mm　○故障码　○建议更换	○
车辆灯光		○	○	○(　　)灯故障　○建议更换灯泡　○建议更换总成	○
空气滤芯		○	○	○建议更换	○
空调滤芯		○	○	○建议更换	○
制动踏板限位垫		○	○	○建议更换	○
转向助力泵油液液位		○	○	○缺少　○建议更换	○
制动液	油壶液位	○	○	○缺少	○
	油质颜色	○	○	○建议更换	○
冷却液液位		○	○	○缺少　○建议更换	○
发动机皮带及附件		○	○	○皮带松旷　○皮带老化、开裂、磨损严重	○

229

续上表

健诊项目			免检	正常	异常	已排除
胎压	前	左( )kPa, 右( )kPa	○	○	○气压偏低或高	○
	后	左( )kPa, 右( )kPa	○	○	○气压偏低或高	○
	备用轮胎( )kPa		○	○	○气压偏低或高	○
轮胎	划伤情况		○	○	○建议更换	○
	鼓包情况		○	○	○建议更换	○
胎纹深度	前	左( )mm, 右( )mm	○	○	○建议更换	○
	后	左( )mm, 右( )mm	○	○	○建议更换	○
	备用轮胎( )mm		○	○	○建议更换	○
摩擦块厚度	前	左( )mm, 右( )mm	○	○	○建议更换	○
	后	左( )mm, 右( )mm	○	○	○建议更换	○
制动系统	制动盘		○	○	○表面有裂纹 ○过度磨损 ○跳动异常	○
车轮螺母力矩			○	○	○力矩不正常	○
变速器滤清器盖罩			○	○	○磨损	○
底盘检查			○	○	○油液泄漏 ○磕碰损伤 ○螺栓松动	○
建议			检查日期	年 月 日 时 分		
			技师签名			

3. 故障现象确认

(1) 上电观察组合仪表 OK 指示灯是否点亮?

(2) 观察组合仪表哪些故障指示灯点亮_____。

进一步确认故障现象为:_____。

故障信息 >>>

(1) 连接故障诊断仪 VDS2100,执行上电操作,打开故障诊断仪,进入数据总线诊断接口,读取并记录相关故障代码与数据流。车辆下电后清除故障码,车辆再次上电后,使用故障诊断仪再次读取故障码并和之前的故障码进行对比,分析故障码的性质。

故障代码	故障含义
数据流	数据流相应参数

（2）查阅维修手册或维修资料，并在下方图框处画出 2019 款比亚迪 e5 纯电动汽车旋变传感器系统的电路原理图。

（3）根据电路图分析 2019 款比亚迪 e5 纯电动汽车旋变传感器控制系统的故障原因，讨论并完成下面的故障分析图，并编制旋变传感器故障基本检查实施方案。

相关内容记录

①故障现象记录

②故障原因分析

③检修方案编制

三　决策

教师对各小组制订的故障检修方案进行点评，并进行修改完善。

优化后的实施方案

四　实施

驱动电机旋变传感器故障检测与排除流程如下。

1. 验证故障现象	
 踩下制动踏板,并按下起动开关,观察仪表	踩下制动踏板,并按下起动开关,观察仪表提示信息及警告灯。 提示:主要是留意仪表提示信息
2. 安全防护工作	
 检查绝缘垫,布置警戒线,摆放警示牌	(1)检查绝缘垫,布置警戒线,摆放警示牌

续上表

2.安全防护工作	
 检查绝缘手套、绝缘鞋、护目镜、安全帽	（2）绝缘手套、绝缘鞋、护目镜、安全帽外观及性能检查
 检查工具外观及性能	（3）绝缘万用表和绝缘工具箱外观及性能检查
  铺设车内外三件套	（4）铺设翼子板防护垫、汽车维修三件套、脚垫

续上表

3. 系统检测	
 连接诊断仪	(1)连接诊断仪。 提示:诊断接口位于驾驶人仪表板的下部
 踩下制动踏板,并按下起动开关	(2)踩下制动踏板,并按下起动开关
 读取故障码	(3)读取故障码。 提示:读取时先扫描所有模块

续上表

4.线路及元器件检测	
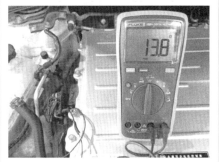 测量 B28(A)-63 端子与 B28(A)-64 端子之间电阻	(1)测量电机控制器 B28(A)-63 端子与 B28(A)-64 端子之间电阻,阻值为 13.8Ω,正常。 提示:断电测电阻
 测量 B28(A)-61 端子与 B28(A)-62 端子之间电阻	(2)测量电机控制器 B28(A)-61 端子与 B28(A)-62 端子之间电阻,阻值为 12.1Ω,正常。 提示:断电测电阻
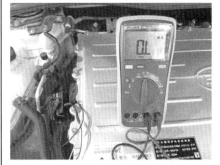 测量 B28(A)-59 端子与 B28(A)-60 端子之间电阻	(3)测量电机控制器 B28(A)-59 端子与 B28(A)-60 端子之间电阻,阻值为无穷大。 提示:断开插头前需整车断电(OFF 挡断蓄电池负极)
 测量 B28(A)-60 端子与 B30-1 端子之间电阻	(4)测量 B28(A)-60 端子与 B30-1 端子之间电阻为线阻,正常。 提示:测量时断开两边插头

续上表

4.线路及元器件检测	
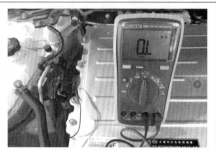 测量 B28(A)-59 端子与 B30-4 端子之间电阻	(5)测量 B28(A)-59 端子与 B30-4 端子之间电阻为无穷大,异常,正常为线阻。 提示:故障点就在此,更换线束,解除故障
5.验证故障	
 观察仪表	(1)打开点火开关,踩制动踏板,观察仪表是否正常
 读取故障码	(2)连接诊断仪,清除故障码,观察故障码是否已经清除

五 检查

用故障诊断仪 VDS2100 读取故障代码,根据诊断仪读出故障类型。
(1)关闭点火开关。
(2)将故障诊断仪连接到汽车故障诊断接口(U31)。
(3)按照诊断仪上的提示读出故障代码(DTC)。
(4)清除故障码。
(5)再次读取故障码(是否依然存在故障码,在相应的横线上打√)。

是_____ 否_____

（6）验证能否正常上电、行驶及仪表有无故障警报灯。

（7）整理，恢复作业场地。

六 评估

活动总结

请根据工作过程撰写技术总结。

_____技术总结
1. 故障现象
2. 故障原因
3. 基本检修过程
4. 操作经验和不足

活动评价

1. 结果检验

序号	检查项目	结果(打√或×)
1	维修后故障代码读取,并填写读取结果,与原故障码相关的动态数据检查结果,维修后的功能确认并填写结果	
2	旋变传感器故障是否排除	
3	实施过程中操作规范	
4	执行企业安全生产制度、环保管理制度以及"8S"管理规定	

2. 根据下表进行自评、互评、教师评价

驱动电机旋变传感器故障检测与排除			实习日期:	
姓名:	班级:		学号:	教师签名:
自评:□熟练 □不熟练	互评:□熟练 □不熟练		师评:□合格 □不合格	
日期:	日期:		日期:	
旋变传感器故障检修【评分细则】				
序号	评分项	得分条件	分值(分)	评分要求	自评	互评	师评
---	---	---	---	---	---	---	---
1	安全/8S/态度	□能进行工位"8S"操作 □能进行设备和工具安全检查 □能进行车辆安全防护操作 □能进行工具清洁、校准、存放操作 □能进行三不落地操作	15	未完成1项扣3分,扣分不得超过15分	□熟练 □不熟练	□熟练 □不熟练	□合格 □不合格
2	专业技能能力	□能正确描述旋变传感器故障现象 □能正确分析旋变传感器故障原因 □能正确实施旋变传感器故障检修流程	50	未完成1项扣5分	□熟练 □不熟练	□熟练 □不熟练	□合格 □不合格
3	工具及设备的使用能力	□能正确地使用维修工具	10	未完成1项扣3分,扣分不得超过10分	□熟练 □不熟练	□熟练 □不熟练	□合格 □不合格

续上表

序号	评分项	得分条件	分值(分)	评分要求	自评	互评	师评
4	资料、信息查询能力	□能正确地使用维修手册查询资料 □能正确地记录所需维修信息	10	未完成1项扣3分	□熟练 □不熟练	□熟练 □不熟练	□合格 □不合格
5	数据判断和分析能力	□能判断旋变传感器元件好坏 □能判断旋变传感器控制线路好坏	10	未完成1项扣3分	□熟练 □不熟练	□熟练 □不熟练	□合格 □不合格
6	表单填写报告的撰写能力	□字迹清晰 □语句通顺 □无错别字 □无涂改 □无抄袭	5	未完成1项扣1分,扣分不得超过5分	□熟练 □不熟练	□熟练 □不熟练	□合格 □不合格

总分:	
小组评语及建议	组长签名: 年 月 日
教师评语及建议	教师签名: 年 月 日

习题

1. 填空题

(1)_____是一种将电能转化为动能,并用来驱动其他装置的电气设备,是与汽车加速度、最高车速、爬坡坡度等重要指标及行车体验直接相关的核心部件。

(2)永磁同步电机主要由电机的_____、_____、电机外壳、旋转变压器、前后转子轴承、电机前后端盖以及三相电缆等部件组成。

(3)_____又称旋变传感器,部分车型也称解析器、转角传感器,是一种位置传感器,可精确检测转子的位置、方向、速度,用来对驱动电机或发电机(回收能量)进行方向、转速的检测。

(4)电动汽车中变频器是由车辆驱动系统中的_____控制的。

2. 选择题

(1)以下关于旋转变压器说法正确的是?(　　)

　　A. 旋转变压器又称旋变传感器

　　B. 旋转变压器是一种电磁式传感器,汽修行业里的人常常称它为"旋变"

C. 电动汽车上的驱动电机现多为永磁同步电机

D. 旋转变压器又称为正余弦旋转变压器

(2) 以下关于普通变压器与旋转变压器说法正确的是？(　　)

　　A. 普通变压器的原边和副边的线圈是相对固定的,中间有铁芯进行电磁交变,所以输出与输入的电压比是不变值

　　B. 旋转变压器的原边、副边绕组随转子的角位移发生相对位置的改变

　　C. 当转子的转角位置改变时,其副边绕组输出电压的大小会随转子角位移而发生变化

　　D. 当转子的转角位置改变时,其副边绕组输出电压的大小会随转子角位移而发生变化保持某一比例关系,或与转角范围内转角成线性关系

(3) 永磁同步电机主要部件有哪些？(　　)

　　A. 旋变定子　　B. 旋变转子　　C. 转子　　D. 三相绕组

(4) 下列选项中不属于常见驱动电机的电量参数的是(　　)。

　　A. 电压　　　　B. 电流　　　　C. 功率　　　　D. 转矩

(5) 下列选项中不属于常见驱动电机的非电量参数的是(　　)。

　　A. 频率　　　　B. 转速　　　　C. 转矩　　　　D. 噪声

(6) 下列选项中不属于驱动电机异响机械故障原因的是(　　)。

　　A. 转子扫膛　　　　　　　　　B. 转子轴承磨损

　　C. 驱动电机缺相运行　　　　　D. 转子轴承过松或过紧

(7) 下列选项中属于驱动电机异响电气方面故障原因的是(　　)。

　　A. 驱动电机缺相运行　　　　　B. 绕组短路造成的相电流不平衡

　　C. 相绕组断路　　　　　　　　D. 以上三项都是

3. 判断题

(1) 旋转变压器是一种位置传感器。(　　)

(2) 纯电动汽车的驱动电机上多使用磁阻式旋转变压器,它是旋转变压器的一种特殊形式,利用磁阻原理来实现电信号间的转换。(　　)

(3) 普通变压器的原边和副边的线圈是相对固定的,中间有铁芯进行电磁交变,所以输出与输入的电压比是不变值。(　　)

(4) 驱动电机异响的故障原因有机械和电气两个方面。(　　)

(5) 驱动电机三相工作电流不平衡不会导致驱动电机出现异响故障。(　　)

(6) 功率分析仪实际上是电压表、电流表、功率表和频率表的有机融合,它实现了高精度的电压、电流、频率、相位实时采集,并实时运算出功率结果。(　　)

(7) 驱动电机性能的测量参数有负载特性测试、T-N 曲线测试、耐久测试、负载测试、堵转测试、起动电流。(　　)

(8) 关于驱动电机定子绕组的检测,可以分解电机的总成,但要注意人身安全。(　　)

4. 简答题

请简单陈述什么是普通变压器与旋转变压器。

_____
_____
_____

学习任务五
新能源汽车充电系统故障检修

学习目标

知识目标

1. 能掌握新能源汽车充电系统的结构及原理；
2. 能掌握新能源汽车充电系统常见故障及处理方法；
3. 能明确新能源汽车充电系统故障检修作业内容。

技能目标

1. 能阅读并规范填写维修工单，就车确认故障现象并记录相关信息，通过获取有效故障信息，明确新能源汽车充电系统检修作业的项目、内容和工期要求；
2. 能参照维修手册和前期获取的相关知识，根据厂家规定和客户要求，查阅维修手册，通过故障树、鱼骨图等方法，综合分析故障原因，从满足顾客对汽车维修质量、经济性等需求的角度制订新能源汽车充电系统检修方案和作业流程，并进行作业前的准备工作；
3. 能按新能源汽车充电系统检修方案，根据新能源汽车维修技术规范和作业流程，以双人合作的方式，在规定的时间内完成新能源汽车充电系统故障检修任务并填写维修记录。

素养目标

1. 养成做事细心、严谨的作风；
2. 提高合作意识和创新精神；
3. 养成良好的安全意识、8S 管理意识，注重节约、节能和环保。

建议学时

42 学时

学习活动

学习活动 1　低压充电系统故障检测与排除
学习活动 2　交流慢充系统故障检测与排除
学习活动 3　直流快充系统故障检测与排除

学习活动 4　充电设备故障检测与排除

学习活动 1　低压充电系统故障检测与排除

资讯

情景描述

某比亚迪新能源汽车 4S 店的高级汽车维修工小蔡接到一张任务工作单：一辆 2019 款比亚迪 e5 纯电动汽车仪表蓄电池充电指示灯点亮。小蔡初步检查，发现蓄电池严重亏电，现需进一步检修以确认故障原因。如果你是小蔡，应该如何检修该故障呢？

任务要求

请你根据任务情境描述，在规定的时间内，分别完成 2019 款比亚迪 e5 纯电动汽车低压充电系统故障检修的方案编制和基本检查实施：

(1) 请列出需要和车主沟通的内容。

(2) 完成车辆的环车检查，填写好健诊报告单。

(3) 能就车认识低压充电系统的组成结构，并理解其工作原理。

(4) 请查阅该车型的维修手册，查看 2019 款比亚迪 e5 纯电动汽车低压充电系统电路图，列出可能产生的故障原因，并说明理由。

(5) 查阅维修手册等资料，制订一份尽可能详细的低压充电系统故障的检修方法，并全面而细致地说明采取此方案的理由。

(6) 能根据计划规范完成低压充电系统故障检修作业，同时列出在检修低压充电系统过程中需要注意的事项。

建议学时

10 学时

计划

知识链接

1. 智能低压充电模式概述

2019 款比亚迪 e5 纯电动汽车拥有智能充电模式，当低压蓄电池检测到电量偏低

时,在安全条件满足的情况下,会通过动力蓄电池给起动电池充电。

OFF挡位下,当起动蓄电池电压过低时,且前机舱盖关闭信号有效时,起动蓄电池会请求进行智能充电(前提是高压系统无故障,动力蓄电池电量在10%以上)。

智能充电结束以后自行终止,在此之前,人为改变电源挡位或者打开前机舱盖,会导致智能充电被迫终止。

2. 智能充电系统组成

智能充电系统主要由DC/DC变换器、低压起动蓄电池(铁蓄电池)、相关线路等部分组成。

DC/DC变换器的主要部件是变压器。变压器由一次侧(输入侧、动力蓄电池侧)和二次侧(输出侧、铁电池侧)两种线圈构成,线圈比与电压比成比例。DC/DC变换器将动力蓄电池的电压降至14V,提供给铅蓄电池充电以及给全车电气供12V电。其结构如图5-1所示。

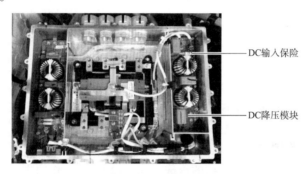

图5-1 DC/DC变换器结构图

铁电池是起动型铁蓄电池及蓄电池管理器(BMS)的简称,其结构如图5-2所示。

图5-2 铁蓄电池结构图

对于电气系统来说,未进入过放保护或者超低功耗情况下,铁蓄电池都是电气设备的常电供给电源。

当DC/DC变换器输出不足时,由铁蓄电池辅助向用电设备供电。铁蓄电池还可以吸收电路中的瞬时过电压,保持汽车电器系统电压的稳定,保护电子元件。铁蓄电池有电压、电流和温度监测功能,存在异常状态会触发故障报警功能。2019款比亚迪e5纯电动汽车铁蓄电池内部电路原理如图5-3所示。

新能源汽车充电系统故障检修 | **学习任务五**

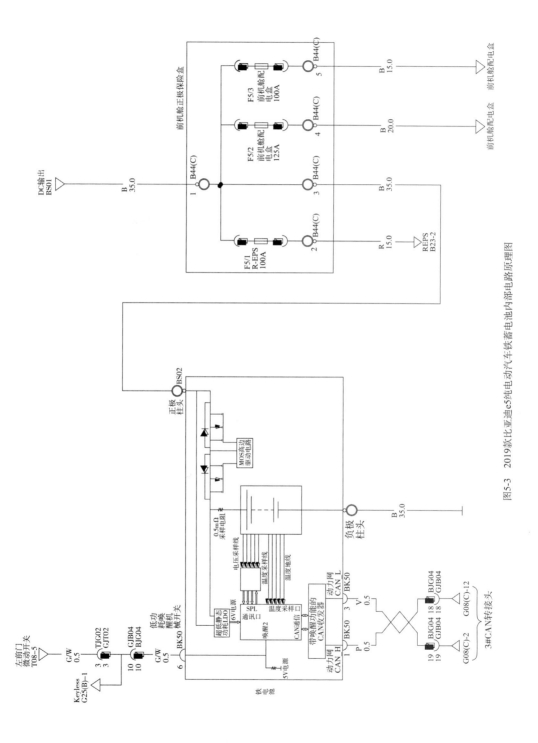

图5-3 2019款比亚迪e5纯电动汽车铁蓄电池内部电路原理图

铁蓄电池极柱内部连接蓄电池管理器(BMS),低压插接件BK50如图5-4所示,铁蓄电池通过低压插接件BK50和整车模块交互信息,其上共有3根线,其端口定义见表5-1。铁电池内部过电流能力有限,因此严禁使用此铁蓄电池给其他燃油车辆搭电起动。

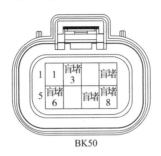

图5-4 低压插接件BK50

低压插件BK50端口定义　　　　　　　　　　　　　　　表5-1

端子号	线色	端子描述	正常值
BK50-1	P	CAN_H	2.5~3.5V
BK50-3	V	CAN_L	1.5~2.5V
BK50-6	G/W	低功耗唤醒机械开关	—

3. 智能充电系统常见故障及其处理方法

当车辆仪表"电瓶指示灯"点亮或者提示"低压蓄电池电量过低,请检查车辆状态"的报警信息时,使用故障诊断仪读取相关的具体故障代码,并进行相应处理。常见故障代码及可能原因见表5-2。

故障代码及可能原因　　　　　　　　　　　　　　　表5-2

DTC	故障描述	可能故障位置
U0111	BMS与高压蓄电池管理器失去通信	高压蓄电池管理器、BMS、线束
U0155	BMS与仪表失去通信	BMS、仪表、线束
U0140	BMS与BCM失去通信	BMS、网关、BCM、线束
U0103	BMS与ECM失去通信	BMS、网关、BCM、线束
B1FB0	充电故障	ECM、DC-DC、BMS
B1FB1	放电故障	ECM、BMS
B1FB2	电源电压过低故障	BMS、DC-DC、线束
B1FB3	电源电压过高故障	BMS、DC-DC(电压过高)
B1FB4	电源电流过大	BMS、铁电池
B1FB5	电源温度过高故障	BMS
B1FB7	智能充电故障	BMS、DC-DC
B1FB8	整车超低功耗故障	BMS
B1FB9	MOS失效故障	BMS

任务确认

1. 明确工作任务

请认真阅读信息页中工作情境描述,用彩笔标记关键词,用一句话总结你需要完成的任务及要求。

工作要求

2. 环车检查

比亚迪汽车服务店健诊报告单

车牌_____的车主,您好!我们已为您车辆进行全面健康检查,检查结果如下,请您查阅!

健诊项目		免检	正常	异常	已排除
VDS 程序扫描		○	○	○程序需更新　○车辆有故障	○
▲模式转换	EV、HEV	○	○	○不能转换	○
	EV(ECO、SPORT)	○	○	○不能转换	○
	HEV(ECO、SPORT)	○	○	○不能转换	○
▲充电口簧片		○	○	○建议更换	○
▲高压部件		○	○	○建议更换	○
▲动力蓄电池		○	○	○刮擦凹陷深度　　mm　○故障码　○建议更换	○
车辆灯光		○	○	○(　　)灯故障　○建议更换灯泡　○建议更换总成	○
空气滤芯		○	○	○建议更换	○
空调滤芯		○	○	○建议更换	○
制动踏板限位垫		○	○	○建议更换	○
转向助力泵油液液位		○	○	○缺少　○建议更换	○
制动液	油壶液位	○	○	○缺少	○
	油质颜色	○	○	○建议更换	○
冷却液液位		○	○	○缺少　○建议更换	○
发动机皮带及附件		○	○	○皮带松旷　○皮带老化、开裂、磨损严重	○

续上表

健诊项目			免检	正常	异常	已排除
胎压	前	左( )kPa, 右( )kPa	○	○	○气压偏低或高	○
	后	左( )kPa, 右( )kPa	○	○	○气压偏低或高	○
	备用轮胎( )kPa		○	○	○气压偏低或高	○
轮胎	划伤情况		○	○	○建议更换	○
	鼓包情况		○	○	○建议更换	○
胎纹深度	前	左( )mm, 右( )mm	○	○	○建议更换	○
	后	左( )mm, 右( )mm	○	○	○建议更换	○
	备用轮胎( )mm		○	○	○建议更换	○
摩擦块厚度	前	左( )mm, 右( )mm	○	○	○建议更换	○
	后	左( )mm, 右( )mm	○	○	○建议更换	○
制动系统	制动盘		○	○	○表面有裂纹 ○过度磨损 ○跳动异常	○
车轮螺母力矩			○	○	○力矩不正常	
变速器滤清器盖罩			○	○	○磨损	○
底盘检查			○	○	○油液泄漏 ○磕碰损伤 ○螺栓松动	○
建议			检查日期	年 月 日 时 分		
			技师签名			

3. 故障现象确认

(1) 车辆上电,观察是否正常上电?

(2) 观察组合仪表有无提示:＿＿＿＿＿＿＿＿＿＿＿＿＿。

进一步确认故障现象为:＿＿＿＿＿＿＿＿＿＿＿＿＿。

故障信息

(1) 连接故障诊断仪,打开点火开关,打开故障诊断仪,进入数据总线诊断接口,读取并记录相关故障代码与数据流。车辆下电后清除故障码,车辆再次上电后,使用故障诊断仪再次读取故障码并和之前的故障码进行对比,分析故障码的性质。

故障代码	故障含义
数据流	数据流相应参数

（2）查阅维修手册或维修资料，并在下方图框处画出 2019 款比亚迪 e5 纯电动汽车起动电源系统的电路原理图。

（3）根据电路图分析 2019 款比亚迪 e5 纯电动汽车低压充电系统的故障原因，讨论并完成下面的故障分析图，并编制低压充电系统故障基本检查实施方案。

相关内容记录
①故障现象记录
②故障原因分析
③检修方案编制

 决策

教师对各小组制订的故障检修方案进行点评，并进行修改完善。

新能源汽车高压系统检修

优化后的实施方案

四 实施

低压充电系统故障检测与排除流程如下。

1. 验证故障现象	
 踩下制动踏板,并按下起动开关,观察仪表	踩下制动踏板,并按下起动开关,观察仪表提示信息及警告灯。 仪表提示:请检查充电系统
2. 安全防护工作	
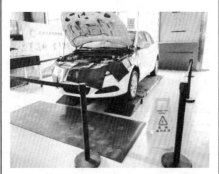 检查绝缘垫,布置警戒线,摆放警示牌	(1)检查绝缘垫,布置警戒线,摆放警示牌

续上表

2.安全防护工作	
 检查绝缘手套、绝缘鞋、护目镜、安全帽	(2)绝缘手套、绝缘鞋、护目镜、安全帽外观及性能检查
 检查工具外观及性能	(3)绝缘万用表和绝缘工具箱外观及性能检查
  铺设车内外三件套	(4)铺设翼子板防护垫、汽车维修三件套、脚垫

续上表

3. 系统检测	
 连接诊断仪	(1)连接诊断仪。 提示:诊断接口位于驾驶人仪表板的下部
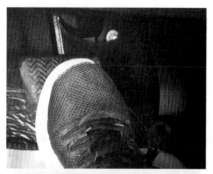 踩下制动踏板,并按下起动开关	(2)踩下制动踏板,并按下起动开关
 读取故障码和数据流	(3)读取故障码和数据流。 提示:读取时先扫描所有模块

续上表

4.线路及元器件检测	
 测量蓄电池电压	(1)关闭点火开关,测量蓄电池电压
 测量 DC/DC 变换器正极输出线电压	(2)打开点火开关测量 DC/DC 变换器正极输出线电压
 测量 DC/DC 输出电压	(3)打开点火开关测量 DC/DC 输出端电压

续上表

4.线路及元器件检测	
 拆下 DC/DC 变换器正极输出线	(4)拆下 DC/DC 变换器正极输出线
 测量 DC/DC 变换器正极输出线电阻	(5)测量 DC/DC 变换器正极输出线电阻。 电阻异常,更换 DC/DC 变换器正极输出线或处理线路氧化处
5.验证故障	
 观察仪表	(1)打开点火开关,踩制动踏板,观察仪表是否正常

续上表

5.验证故障	
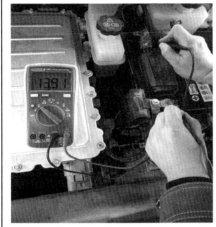 测量蓄电池电压	(2)打开点火开关,测量蓄电池电压

五 检查

用故障诊断读取故障代码和数据流,根据诊断仪读出故障类型。
(1)关闭点火开关。
(2)将故障诊断仪连接到汽车故障诊断接口(U31)。
(3)按照诊断仪上的提示读出故障代码(DTC)。
(4)清除故障码。
(5)再次读取故障码(是否依然存在故障码,在相应的横线上打√)。
　　　是_____否_____
(6)验证仪表显示是否正常、低压充电是否正常。
(7)整理,恢复作业场地。

六 评估

活动总结 》》

请根据工作过程撰写技术总结。

_____技术总结
1. 故障现象
2. 故障原因
3. 基本检修过程
4. 经验和不足

活动评价

1. 结果检验

序号	检查项目	结果（打√或×）
1	维修后故障代码读取，并填写读取结果，与原故障码相关的动态数据检查结果，维修后的功能确认并填写结果	
2	低压充电系统故障是否排除	
3	实施过程中操作规范	
4	执行企业安全生产制度、环保管理制度以及"8S"管理规定	

2. 根据下表进行自评、互评、教师评价

低压充电系统故障检测与排除				实习日期：			
姓名：		班级：		学号：		教师签名：	
自评:□熟练 □不熟练		互评:□熟练 □不熟练		师评:□合格 □不合格			
日期：		日期：		日期：			
低压充电系统故障检修【评分细则】							
序号	评分项	得分条件	分值(分)	评分要求	自评	互评	师评
1	安全/8S/态度	□能进行工位"8S"操作 □能进行设备和工具安全检查 □能进行车辆安全防护操作 □能进行工具清洁、校准、存放操作 □能进行三不落地操作	15	未完成1项扣3分,扣分不得超过15分	□熟练 □不熟练	□熟练 □不熟练	□合格 □不合格
2	专业技能能力	□能正确描述低压充电故障现象 □能正确分析低压充电故障原因 □能正确编制低压充电故障检修流程	50	未完成1项扣5分	□熟练 □不熟练	□熟练 □不熟练	□合格 □不合格
3	工具及设备的使用能力	□能正确地使用维修工具	10	未完成1项扣3分,扣分不得超过10分	□熟练 □不熟练	□熟练 □不熟练	□合格 □不合格
4	资料、信息查询能力	□能正确地使用维修手册查询资料 □能正确地记录所需维修信息	10	未完成1项扣3分	□熟练 □不熟练	□熟练 □不熟练	□合格 □不合格
5	数据判断和分析能力	□能判断DC/DC变换器元件好坏 □能判断DC/DC变换器输出线路好坏	10	未完成1项扣3分	□熟练 □不熟练	□熟练 □不熟练	□合格 □不合格
6	表单填写报告的撰写能力	□字迹清晰 □语句通顺 □无错别字 □无涂改 □无抄袭	5	未完成1项扣1分,扣分不得超过5分	□熟练 □不熟练	□熟练 □不熟练	□合格 □不合格
总分：							

续上表

小组评语及建议		组长签名： 年　月　日
教师评语及建议		教师签名： 年　月　日

学习活动2　交流慢充系统故障检测与排除

一　资讯

情景描述

某比亚迪新能源汽车4S店的高级汽车维修工小蔡接到一张任务工作单：一辆2019款比亚迪e5纯电动汽车无法进行充电。小蔡初步检查，发现交流充电无法正常使用，现需进一步检修以确认故障原因。如果你是小蔡，应该如何检修该故障呢？

任务要求

请你根据任务情境描述，在规定的时间内，分别完成2019款比亚迪e5纯电动汽车交流充电故障检修的方案编制和基本检查实施：

（1）请列出需要和车主沟通的内容。

（2）完成车辆的环车检查，填写好健诊报告单。

（3）能就车认识交流充电系统的组成结构，并理解其工作原理。

（4）请查阅该车型的维修手册，查看2019款比亚迪e5纯电动汽车交流充电系统电路图，列出可能产生的故障原因，并说明理由。

（5）查阅维修手册等资料，制订一份尽可能详细的交流充电系统故障的检修方法，并全面而细致地说明采取此方案的理由。

（6）能根据计划规范完成交流充电系统故障检修作业，同时列出在检修交流充电系统过程中需要注意的事项。

建议学时

11学时

二、计划

知识链接

1. 交流慢充系统概述

新能源汽车慢速充电系统主要由供电设备（交流充电桩或家用交流电源）、充电枪、慢充充电接口、车载充电机、高压线束、高压控制盒、动力蓄电池、整车控制器（VCU）和低压控制线束等部件组成。交流充电系统的特点为充电功率小、充电时间长，但充电设备成本低。

2019 款比亚迪 e5 纯电动汽车交流充电系统主要由交流充电口、高压电控总成、动力蓄电池包、电池管理器组成，如图 5-5 所示。

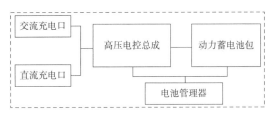

电动汽车交流充电方式

图 5-5　2019 款比亚迪 e5 纯电动汽车充电系统图

2019 款比亚迪 e5 纯电动汽车的交流充电过程主要是：通过交流充电桩、壁挂式充电盒以及家用便携式充电枪接入交流充电口，通过高压电控总成将交流电转为直流高压电给动力蓄电池充电，同时高压电控总成里的车载充电机给信号唤醒电池管理器（BMS），BMS 控制相对应的接触器闭合，让转换好的直流高压电给动力蓄电池充电。交流慢充（220V/50Hz/32A 或者 220V/50Hz/16A），电流较小，可以将电池充满，对电池伤害较小。

2. 交流慢充系统充电过程

2019 款比亚迪 e5 纯电动汽车充电接口安装在车辆进气格栅处，基于车辆设计和使用方便将交、直流接口安装在一起，其交流充电端口位置如图 5-6 所示。

图 5-6　2019 款比亚迪 e5 纯电动汽车交流充电接口位置

该车采用国标统一标准的七星孔交流充电口,其中 PE 为地线,CC 是充电连接,CC 由车载充电控制器输出的 5V 或者 12V 的充电检测电压(2018 款之前的 e5 是 5V,2019 款的是 12V);CP 为控制确认线,CP 由充电设备输出 12V 的检测电压(国标统一标准)。

根据《电动汽车传导充电用连接装置 第 2 部分:交流充电接口》(GB/T 20234.2—2015),2019 款比亚迪 e5 纯电动汽车交流充电口共有 7 个端子,各端子定义及名称如图 5-7 所示。

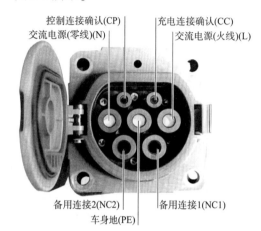

L:A 相	PE:地线
NC1:B 相/预留	CC:充电连接 (车载充电机输出 5V 或 12V)
NC2:C 相/预留	CP:控制确认 (充电设备输出 12V)
N:中性线	—

图 5-7 充电口端子定义

交流充电桩或家用 16A 供电插座提供的交流电经过车载充电机的整流、滤波、升压,转换为高压直流电,通过高压控制盒连接到动力蓄电池。

2019 款比亚迪 e5 纯电动汽车交流(慢充)充电导引控制电路原理如图 5-8 所示,从左至右分别是供电设备、供电设备接口、车辆端口和电动汽车 4 部分。交流充电与直流充电相比,单相交流电通过车辆接口先进入车载充电机,然后进行升压处理后给蓄电池充电。其充电过程可分为以下步骤。

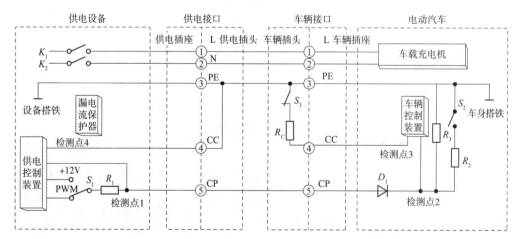

图 5-8 2019 款比亚迪 e5 纯电动汽车交流(慢充)充电导引控制电路原理

1）充电连接确认

充电枪插入车辆接口后,供电设备端子 CC 由供电控制装置监测点 4 检测到充电连接信号,然后供电控制装置控制 S_1 开关由 12V 切换至 PWM(脉宽调制信号)端子。PWM 信号经充电枪接口和车辆接口 CP 端子送至检测点 2,车辆控制装置检测到脉冲信号后,车辆控制装置确认供电设备供电能力并完成充电连接确认。

2）充电准备

车辆控制装置通过测定检测点 3CC 与 PE 之间的电阻 R_c,其中开关 S_3 为车辆插头内部开关,为常闭型开关,其开关与机械锁止装置关联,当按下充电枪机械锁止开关,S_3 开关会断开。通过检测 R_c 电阻,正常值为 680Ω,确认正常后,完成充电唤醒过程。

3）供电设备给车辆充电

充电枪完好插入充电接口,充电连接正常并完成充电唤醒后,供电控制装置通过检测 1 点脉冲电压,确定充电功率,接通电源 K_1、K_2 开关,传导线分别与车辆充电接口 L 端子和 N 端子连接,BMS 电池管理系统控制模块控制车辆低压 IG3 继电器吸合给相关部件提供电源,BMS 得电后执行充电程序并拉低仪表充电指示灯信号,绿色充电指示灯点亮,并在显示屏显示充电信息(SOC 值、充电电压、充电电流、剩余充电时间等)。

4）充电过程

在充电过程中,供电控制装置和车辆控制装置周期性监测各个检测点信号。车辆控制装置通过监测检测点 2 脉冲电压信号,调节车载充电机输出功率。在充电过程中,为了节省充电时间和保护蓄电池,一般先采用恒流充电,当蓄电池电压达到一定值或者达到单体电压额定值和限定温度时,采用恒压充电,以较小电流对蓄电池充电直至充满。在充电过程中,BMS 电池管理控制器周期性监测 13 个电池模组中单体蓄电池电压、电流、温度,防止蓄电池过充、温度过高,单体蓄电池电压不高于 3.7V,蓄电池最高温度不超过 65℃,否则限制供电功率,甚至停止充电。

5）充电结束

当 BMS 电池管理控制器检测到充电完成,或者达到预约充电时间以及驾驶人停止充电操作,车辆控制装置断开 S_2 开关,同时开关 S_1 切换至 12V,S_2 开关断开使供电控制断开 K_1、K_2,结束充电。

3. 充电口电路原理

当车辆交流充电出现问题时,不可以盲目维修,应根据维修手册和电路图掌握原理后再进行相关诊断维修。交流充电口电路原理图如图 5-9 所示。

交流充电口低压插头端子如图 5-10 所示,引脚定义见表 5-3。

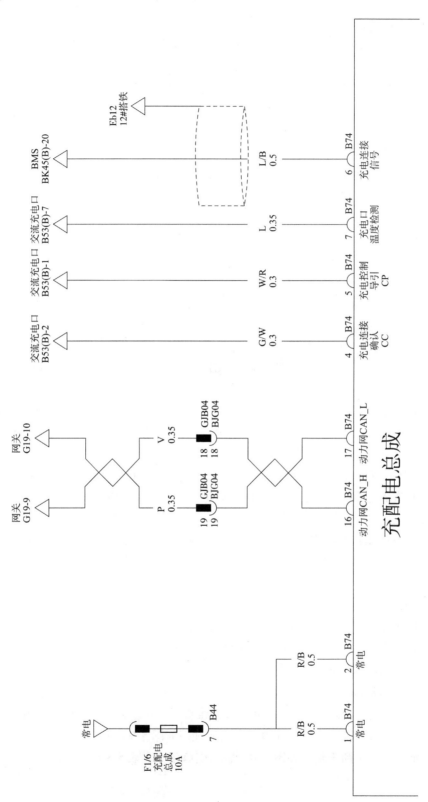

图5-9 交流充电口电路原理图

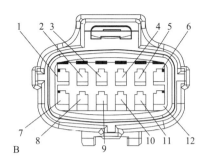

图 5-10 交流充电口低压插头端子

交流充电口低压插头引脚定义　　　　　　　　　　　　　　　　　表 5-3

引脚号	端口定义	对接端	稳态工作电流	冲击电流和堵转电流	电源性质
1	CP	高压电控总成 B28(B)-1			±12V/PWM
2	CC	高压电控总成 B28(B)-7			电压
3	闭锁电源	BCM-Q 口 G2Q-8	1.5A(140ms)		
4	开销电源	BCM-Q 口 G2Q-18	1.5A(140ms)		
5	闭锁状态检测	BCM-Q 口 G2Q-6			
6	（空）				
7	温度传感器高	高压电控总成 B28(B)-20			
8	温度传感器低	车身地			
9	（空）				
10	（空）				
11	（空）				
12	（空）				

4. 交流慢充系统常见故障及其处理方法

当车辆无法使用交流慢冲充电时,我们可以根据故障,结合故障症状表来进行相应检查。故障症状表见表 5-4。

故障症状表　　　　　　　　　　　　　　　　　表 5-4

故障症状	可能发生部位
交流无法充电	交流充电口
	高压电控总成
	电池管理器
	线束

263

任务确认

1. 明确工作任务

请认真阅读信息页中工作情境描述,用彩笔标记关键词,用一句话总结你需要完成的任务及要求。

工作要求

2. 环车检查

比亚迪汽车服务店健诊报告单

车牌_____的车主,您好!我们已为您车辆进行全面健康检查,检查结果如下,请您查阅!

健诊项目		免检	正常	异常	已排除
VDS 程序扫描		○	○	○程序需更新　○车辆有故障	○
模式转换	EV、HEV	○	○	○不能转换	○
	EV(ECO、SPORT)	○	○	○不能转换	○
	HEV(ECO、SPORT)	○	○	○不能转换	○
▲充电口簧片		○	○	○建议更换	○
▲高压部件		○	○	○建议更换	○
▲动力蓄电池		○	○	○刮擦凹陷深度　　mm　○故障码　○建议更换	○
车辆灯光		○	○	○(　)灯故障　○建议更换灯泡　○建议更换总成	○
空气滤芯		○	○	○建议更换	○
空调滤芯		○	○	○建议更换	○
制动踏板限位垫		○	○	○建议更换	○
转向助力泵油液液位		○	○	○缺少　○建议更换	○
制动液	油壶液位	○	○	○缺少	○
	油质颜色	○	○	○建议更换	○
冷却液液位		○	○	○缺少　○建议更换	○
发动机皮带及附件		○	○	○皮带松旷　○皮带老化、开裂、磨损严重	○

续上表

健诊项目			免检	正常	异常	已排除
胎压	前	左( )kPa, 右( )kPa	○	○	○气压偏低或高	○
	后	左( )kPa, 右( )kPa	○	○	○气压偏低或高	○
	备用轮胎( )kPa		○	○	○气压偏低或高	○
轮胎	划伤情况		○	○	○建议更换	○
	鼓包情况		○	○	○建议更换	○
胎纹深度	前	左( )mm, 右( )mm	○	○	○建议更换	○
	后	左( )mm, 右( )mm	○	○	○建议更换	○
	备用轮胎( )mm		○	○	○建议更换	○
摩擦块厚度	前	左( )mm, 右( )mm	○	○	○建议更换	○
	后	左( )mm, 右( )mm	○	○	○建议更换	○
制动系统	制动盘		○	○	○表面有裂纹 ○过度磨损 ○跳动异常	○
车轮螺母力矩			○	○	○力矩不正常	○
变速器滤清器盖罩			○	○	○磨损	○
底盘检查			○	○	○油液泄漏 ○磕碰损伤 ○螺栓松动	○
建议			检查日期	年 月 日 时 分		
			技师签名			

3.故障现象确认

(1)连接交流充电枪,观察仪表充电是否正常?

(2)观察组合仪表充电时有哪些异常_____。

进一步确认故障现象为:_____。

故障信息

(1)连接故障诊断仪,打开点火开关,打开故障诊断仪,进入数据总线诊断接口,读取并记录相关故障代码与数据流。车辆下电后清除故障码,车辆再次上电后,使用故障诊断仪再次读取故障码并和之前的故障码进行对比,分析故障码的性质。

故障代码	故障含义
数据流	数据流相应参数

(2) 查阅维修手册或维修资料,并在下方图框处画出 2019 款比亚迪 e5 纯电动汽车交流充电系统的电路原理图。

(3) 根据电路图分析 2019 款比亚迪 e5 纯电动汽车交流充电系统的故障原因,讨论并完成下面的故障分析图,并编制交流充电系统故障基本检查实施方案。

相关内容记录

①故障现象记录

②故障原因分析

③检修方案编制

三 决策

教师对各小组制订的故障检修方案进行点评,并进行修改完善。

优化后的实施方案

四 实施

交流慢充系统故障检测与排除流程如下。

1. 验证故障现象	
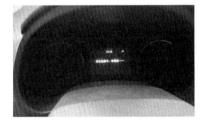 连接交流充电枪,观察仪表	连接交流充电枪,观察仪表提示信息及警告灯
2. 安全防护工作	
 检查绝缘垫,布置警戒线,摆放警示牌	(1)检查绝缘垫,布置警戒线,摆放警示牌
 检查绝缘手套、绝缘鞋、护目镜、安全帽	(2)绝缘手套、绝缘鞋、护目镜、安全帽外观及性能检查

续上表

2.安全防护工作	
 检查工具外观及性能	(3)绝缘万用表和绝缘工具箱外观及性能检查
 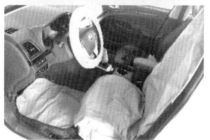 铺设车内外三件套	(4)铺设翼子板防护垫、汽车维修三件套、脚垫
3.系统检测	
 连接诊断仪	(1)连接诊断仪。 提示:诊断接口位于驾驶人仪表板的下部

续上表

\multicolumn{3}{c}{3.系统检测}
  踩下制动踏板,并按下起动开关		(2)踩下制动踏板,并按下起动开关
 读取故障码		(3)读取故障码。 提示:读取时先扫描所有模块
\multicolumn{3}{c}{4.线路及元器件检测}
 测量交流充电接口CC信号与PE接地电压		(1)测量交流充电接口CC信号与PE接地电压

续上表

4.线路及元器件检测	
 测量交流充电接口 PE 对地电阻	（2）断电测量交流充电接口 PE 对地电阻
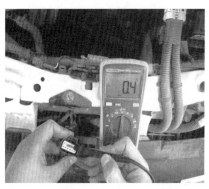 测量交流充电接口 CC 信号接口至 B53/2 电阻	（3）断电测量交流充电接口 CC 信号接口至 B53/2 电阻
 检查 B53/2 针脚	（4）检查 B53/2 针脚。针脚弯曲，恢复针脚
5.验证故障	
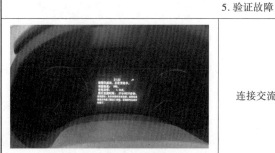 连接交流充电枪，观察仪表	连接交流充电枪，观察仪表，充电显示正常

五 检查

用故障诊断仪读取故障代码,根据诊断仪读出故障类型。
(1)关闭点火开关。
(2)将故障诊断仪连接到汽车故障诊断接口(U31)。
(3)按照诊断仪上的提示读出故障代码(DTC)。
(4)清除故障码。
(5)再次读取故障码(是否依然存在故障码,在相应的横线上打√)。
　　是＿＿＿＿＿＿＿＿＿＿＿＿＿　否＿＿＿＿＿＿＿＿＿＿＿＿＿＿
(6)验证能否正常交流充电。
(7)整理,恢复作业场地。

六 评估

  活动总结

请根据工作过程撰写技术总结。

＿＿＿＿＿＿＿＿＿＿技术总结
1. 故障现象
2. 故障原因
3. 基本检修过程
4. 操作经验和不足

新能源汽车高压系统检修

活动评价

1. 结果检验

序号	检查项目	结果（打√或×）
1	维修后故障代码读取，并填写读取结果，与原故障码相关的动态数据检查结果，维修后的功能确认并填写结果	
2	交流充电系统故障是否排除	
3	实施过程中操作规范	
4	执行企业安全生产制度、环保管理制度以及"8S"管理规定	

2. 根据下表进行自评、互评、教师评价

交流慢充系统故障检测与排除			实习日期：		
姓名：		班级：	学号：		教师签名：
自评：□熟练 □不熟练		互评：□熟练 □不熟练	师评：□合格 □不合格		
日期：		日期：	日期：		
交流充电系统故障检修【评分细则】					
序号	评分项	得分条件	分值(分)	评分要求	自评	互评	师评
---	---	---	---	---	---	---	---
1	安全/8S/态度	□能进行工位"8S"操作 □能进行设备和工具安全检查 □能进行车辆安全防护操作 □能进行工具清洁、校准、存放操作 □能进行三不落地操作	15	未完成1项扣3分，扣分不得超过15分	□熟练 □不熟练	□熟练 □不熟练	□合格 □不合格
2	专业技能能力	□能正确描述交流充电故障现象 □能正确分析交流充电故障原因 □能正确编制交流充电故障检修流程	50	未完成1项扣5分	□熟练 □不熟练	□熟练 □不熟练	□合格 □不合格
3	工具及设备的使用能力	□能正确地使用维修工具	10	未完成1项扣3分，扣分不得超过10分	□熟练 □不熟练	□熟练 □不熟练	□合格 □不合格

续上表

序号	评分项	得分条件	分值(分)	评分要求	自评	互评	师评
4	资料、信息查询能力	□能正确地使用维修手册查询资料 □能正确地记录所需维修信息	10	未完成1项扣3分	□熟练 □不熟练	□熟练 □不熟练	□合格 □不合格
5	数据判断和分析能力	□能判断交流充电信号线路好坏	10	未完成1项扣3分	□熟练 □不熟练	□熟练 □不熟练	□合格 □不合格
6	表单填写报告的撰写能力	□字迹清晰 □语句通顺 □无错别字 □无涂改 □无抄袭	5	未完成1项扣1分，扣分不得超过5分	□熟练 □不熟练	□熟练 □不熟练	□合格 □不合格
总分：							
小组评语及建议			组长签名： 　　　　年　月　日				
教师评语及建议			教师签名： 　　　　年　月　日				

学习活动3　直流快充系统故障检测与排除

一、资讯

情景描述 >>>

某比亚迪新能源汽车4S店的高级汽车维修工小蔡接到一张任务工作单：一辆2019款比亚迪e5纯电动汽车无法进行充电。小蔡初步检查，发现直流快充无法正常使用，交流慢充可以使用，现需进一步检修以确认故障原因。如果你是小蔡，应该如何检修该故障呢？

任务要求 >>>

请你根据任务情境描述，在规定的时间内，分别完成2019款比亚迪e5纯电动汽车直流充电故障检修的方案编制和基本检查实施：

(1)请列出需要和车主沟通的内容。
(2)完成车辆的环车检查,填写好任务委托书。
(3)能就车认识直流充电系统的组成结构,并理解其工作原理。
(4)请查阅该车型的维修手册,查看 2019 款比亚迪 e5 纯电动汽车直流充电系统电路图,列出可能产生的故障原因,并说明理由。
(5)查阅维修手册等资料,制订一份尽可能详细的直流充电系统故障的检修方法,并全面而细致地说明采取此方案的理由。
(6)能根据计划规范完成直流充电系统故障检修作业,同时列出在检修直流充电系统过程中需要注意的事项。

建议学时

11 学时

二 计划

知识链接

1. 直流快充系统概述

电动汽车直流快速充电系统主要由直流充电桩、快充接口、高压控制盒、动力蓄电池、整车控制器、高压线束和低压控制线束等组成。直流快速充电系统的特点为充电功率大、充电时间短,但充电设备成本高。

直流充电主要是通过充电站的充电柜将直流高压电直接通过直流充电口给动力蓄电池充电,如图 5-11 所示。

直流:200V~500V, 350V~700V, 500V~950V。
直流充电电流优选值:80A, 100A, 125A, 160A, 200A, 250A。

图 5-11 直流高压快充

2. 直流快充系统充电过程

2019 款比亚迪 e5 纯电动汽车直流充电接口安装在车辆进气格栅处,打开驾驶室的充电口开关后,便可打开快充盖。直流充电接口位置如图 5-12 所示。

大部分纯电动汽车的直流充电口都是采用国标统一标准的九星孔充电口,其结构如图 5-13 所示。充电口端子定义见表 5-5。

图 5-12　2019 款比亚迪 e5 纯电动汽车直流充电接口

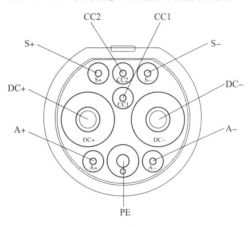

图 5-13　直流充电口结构

电动汽车直流充电方式

充电口端子定义　　　　　　　　　　　　　　　　　　　　　　　　　表 5-5

端子号	端子号含义	作用
DC+	直流电源正极线	连接直流电源正和电池正极
DC−	直流电源负极线	连接直流电源负和电池负极
PE	保护性接地线	连接供电设备地线和车辆车身地线
S+	充电通信 CAN_H 线	连接非车载充电机与电动汽车的通信线
S−	充电通信 CAN_L 线	连接非车载充电机与电动汽车的通信线
CC1	充电连接确认线	充电设备确认连接状态
CC2	充电连接确认线	车辆确认连接状态
A+	低压辅助电源正极线	连接非车载充电机为电动汽车提供的低压辅助电源
A−	低压辅助电源负极线	连接非车载充电机为电动汽车提供的低压辅助电源

　　直流充电系统与交流充电系统相比,不仅增加了 2 个端口,而且有很大差别。DC+、DC− 是经充电桩逆变整流后的直流电源,S+、S− 是充电桩与车辆电池管理控制器 BMS 通信端子,CC1 为充电桩与车辆连接确认信号、CC2 是车辆控制器与充电桩连接确认信号,A+、A− 是充电桩给电池管理控制器 BMS 提供工作电源,PE 为车身搭铁。直流充电系统工作原理如图 5-14 所示。

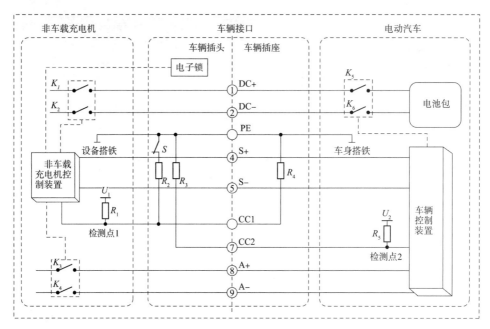

图 5-14 直流充电系统工作原理

其中 U_1、U_2 分别是充电桩提供的工作稳压电源,均为 12V,R_1、R_2、R_3、R_4、R_5 是充电连接确认检测电阻,在工作电路中等效电阻值均为 1kΩ,K_1/K_2、K_3/K_4、K_5/K_6 为接触器。直流充电主要包括准备阶段、自检阶段、充电阶段、充电结束 4 个过程。

1) 准备阶段

将直流充电枪插入车辆充电口,充电桩中 U_1 与电阻 R_2、机械锁止开关、CC1、R_4 和车身搭铁形成工作回路,车辆控制装置中 U_2 与电阻 R_5、CC2、R_3 和车身搭铁形成电路回路,当充电桩控制装置检测到检测点 1 电压为 4V [$U_1 = 12V \times 0.5kΩ/(1kΩ + 0.5kΩ)$],则确认充电线路完全连接。

2) 自检阶段

充电枪线路完全连接后,充电桩控制装置控制接触器 K_3/K_4 闭合,将 12V 低压电通过 A+、A- 端子传输给车辆控制器。车辆控制装置 U_2 检测到检测点 2 电压为 6V [$U_2 = 12V \times 1kΩ/(1kΩ + 1kΩ)$],然后车辆控制装置通过 S+、S- 与充电桩控制装置进行通信,充电桩控制装置控制接触器 K_1/K_2 闭合,检测充电直流母线搭铁绝缘性,保证充电过程安全进行。绝缘测试完成后,断开接触器 K_1/K_2,自检阶段完成。

3) 充电阶段

充电桩自检阶段完成后,车辆控制装置控制接触器 K_5/K_6 闭合,形成充电回路,充电桩检测到车辆端蓄电池电压正常(电压与通信中描述的蓄电池电压误差小于 ±5%,且在充电桩输出最大、最小电压范围内),控制接触器 K_1/K_2 闭合,开始充电。在充电过程中,车辆控制装置实时发送蓄电池充电需求参数,充电桩根据该参数实时调整充电电压和电流,并相互发送各自的状态信息(充电模式、充电电压、充电电流、电池温度、当前 SOC、单体蓄电池最高和最低电压等信息)。

新能源汽车充电系统故障检修 | **学习任务五**

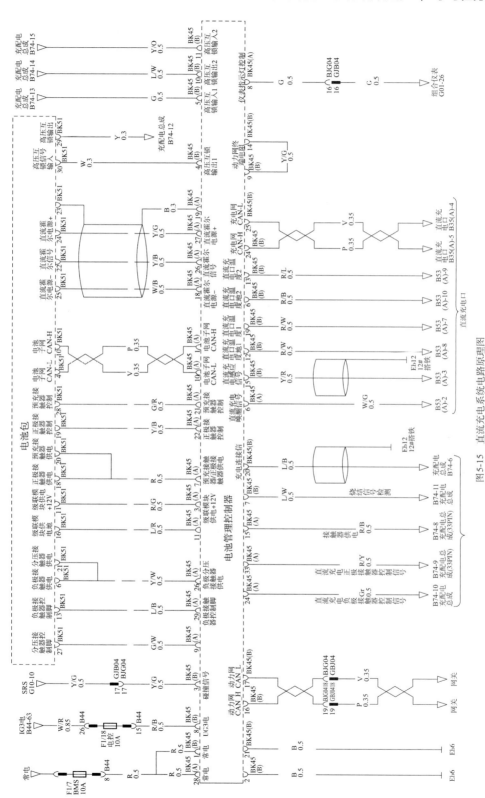

图5-15 直流充电系统电路原理图

4) 充电结束

车辆根据 BMS 是否达到充满状态或者是受到充电桩发来的"充电桩中止充电报文"来判断是否结束充电。满足以上条件，车辆会发出"车辆中止充电报文"，在确认充电电流小于5A 后断开 K_5/K_6 接触器，充电桩控制器接收到"车辆中止充电报文"，在确认充电电流小于 5A 后，断开 K_1/K_2 接触器，然后断开接触器 K_3/K_4，结束充电。

3. 直流充电系统电路原理

当车辆直流充电出现问题时，不可以盲目维修。应根据维修手册和电路图掌握原理后再进行相关诊断维修。直流充电系统电路原理图如图 5-15 所示。

直流充电口低压插头 B53 端子如图 5-16 所示，引脚定义见表 5-6。

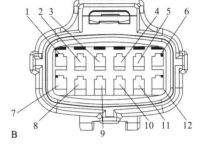

图 5-16　直流充电口低压插头 B53 端子

直流充电口低压插头引脚定义　　表 5-6

引脚号	端口定义	对接端	稳态工作电流	冲击电流和堵转电流	电源性质
1	低压辅助电源负	车身地	10A		双路电
2	低压辅助电源正	继电器拉高控制	10A		双路电
3	充电连接确认 CC2	BMS45（B）-4			
4	CAN_L	BMS45（B）-20			
5	CAN_H	BMS45（B）-14			
6	（空）				
7	温度传感器高	BMS45（B）-11			
8	温度传感器低	BMS45（B）-13			
9~12	（空）				

4. 直流快充系统常见故障及其处理方法

当车辆无法使用直流快冲充电时，我们可以根据故障，结合故障症状表来进行相应检查。故障症状表见表 5-7。

故障症状表　　表 5-7

故障症状	可能发生部位
直流无法充电	直流充电口
	高压电控总成
	电池管理器
	线束

任务确认

1. 明确工作任务

请认真阅读信息页中工作情境描述,用彩笔标记关键词,用一句话总结你需要完成的任务及要求。

工作要求

2. 环车检查

比亚迪汽车服务店健诊报告单

车牌_____的车主,您好!我们已为您车辆进行全面健康检查,检查结果如下,请您查阅!

健诊项目		免检	正常	异常	已排除
VDS 程序扫描		○	○	○程序需更新　○车辆有故障	○
模式转换	EV、HEV	○	○	○不能转换	○
	EV(ECO、SPORT)	○	○	○不能转换	○
	HEV(ECO、SPORT)	○	○	○不能转换	○
▲充电口簧片		○	○	○建议更换	○
▲高压部件		○	○	○建议更换	○
▲动力蓄电池		○	○	○刮擦凹陷深度　　mm　○故障码　○建议更换	○
车辆灯光		○	○	○(　　)灯故障　○建议更换灯泡　○建议更换总成	○
空气滤芯		○	○	○建议更换	○
空调滤芯		○	○	○建议更换	○
制动踏板限位垫		○	○	○建议更换	○
转向助力泵油液液位		○	○	○缺少　○建议更换	○
制动液	油壶液位	○	○	○缺少	○
	油质颜色	○	○	○建议更换	○
冷却液液位		○	○	○缺少　○建议更换	○
发动机皮带及附件		○	○	○皮带松旷　○皮带老化、开裂、磨损严重	○

续上表

健诊项目			免检	正常	异常	已排除
胎压	前	左( )kPa, 右( )kPa	○	○	○气压偏低或高	○
	后	左( )kPa, 右( )kPa	○	○	○气压偏低或高	○
	备用轮胎( )kPa		○	○	○气压偏低或高	○
轮胎	划伤情况		○	○	○建议更换	○
	鼓包情况		○	○	○建议更换	○
胎纹深度	前	左( )mm, 右( )mm	○	○	○建议更换	○
	后	左( )mm, 右( )mm	○	○	○建议更换	○
	备用轮胎( )mm		○	○	○建议更换	○
摩擦块厚度	前	左( )mm, 右( )mm	○	○	○建议更换	○
	后	左( )mm, 右( )mm	○	○	○建议更换	○
制动系统	制动盘		○	○	○表面有裂纹　○过度磨损　○跳动异常	○
车轮螺母力矩			○	○	○力矩不正常	○
变速器滤清器盖罩			○	○	○磨损	○
底盘检查			○	○	○油液泄漏　○磕碰损伤　○螺栓松动	○
建议			检查日期	年　　月　　日　　时　　分		
			技师签名			

3. 故障现象确认

(1)连接直流充电枪,观察仪表充电是否正常?

(2)观察组合仪表充电时有哪些异常_____。

进一步确认故障现象为:_____。

故障信息

(1)连接故障诊断仪,打开点火开关,打开故障诊断仪,进入数据总线诊断接口,读取并记录相关故障代码与数据流。车辆下电后清除故障码,车辆再次上电后,使用故障诊断仪再次读取故障码并和之前的故障码进行对比,分析故障码的性质。

故障代码	故障含义
数据流	数据流相应参数

（2）查阅维修手册或维修资料，并在下方图框处画出 2019 款比亚迪 e5 纯电动汽车直流充电系统的电路原理图。

（3）根据电路图分析 2019 款比亚迪 e5 纯电动汽车直流充电系统的故障原因，讨论并完成下面的故障分析图，并编制直流充电系统故障基本检查实施方案。

相关内容记录

①故障现象记录

②故障原因分析

③检修方案编制

三 决策

教师对各小组制订的故障检修方案进行点评，并进行修改完善。

新能源汽车高压系统检修

优化后的实施方案

四、实施

直流快充系统故障检测与排除流程如下。

	1. 验证故障现象
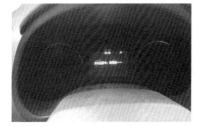 连接直流充电枪,观察仪表	连接直流充电枪,观察仪表提示信息及警告灯
	2. 安全防护工作
 检查绝缘垫,布置警戒线,摆放警示牌	(1)检查绝缘垫,布置警戒线,摆放警示牌
 检查绝缘手套、绝缘鞋、护目镜、安全帽	(2)绝缘手套、绝缘鞋、护目镜、安全帽外观及性能检查

续上表

	2. 安全防护工作
 检查工具外观及性能	（3）绝缘万用表和绝缘工具箱外观及性能检查
  铺设车内外三件套	（4）铺设翼子板防护垫、汽车维修三件套、脚垫
	3. 系统检测
 连接诊断仪	（1）连接诊断仪。 提示：诊断接口位于驾驶人仪表板的下部

283

续上表

	3.系统检测
  踩下制动踏板,并按下起动开关	(2)踩下制动踏板,并按下起动开关
 读取故障码	(3)读取故障码。 提示:读取时先扫描所有模块
	4.线路及元器件检测
 测量直流充电口 CC2 信号电压	(1)测量直流充电口 CC2 信号电压有无异常

续上表

4.线路及元器件检测	
 测量直流充电口 CC2 与 BMS(B)/4 电阻	(2)断电测量直流充电口 CC2 与 BMS(B)/4 电阻
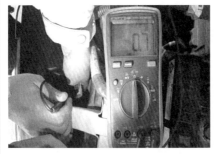 测量 B53/3 与 BMS(B)/4 电阻	(3)断电测量 B53/3 与 BMS(B)/4 电阻
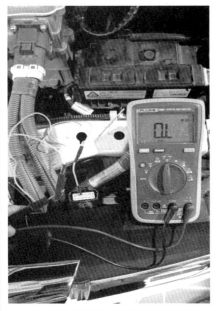 测量 B53/3 到直流充电口 CC2 线路电阻	(4)断电测量 B53/3 到直流充电口 CC2 线路电阻。如果测量异常,则修复线路或者更换直流充电口

续上表

5. 验证故障	
 测量直流充电口 CC2 信号电压	(1)测量直流充电口 CC2 信号电压
 连接直流充电枪,观察仪表	(2)连接交流充电枪,观察仪表,充电显示正常

五 检查

用故障诊断仪读取故障代码,根据诊断仪读出故障类型。
(1)关闭点火开关。
(2)将故障诊断仪连接到汽车故障诊断接口(U31)。
(3)按照诊断仪上的提示读出故障代码(DTC)。
(4)清除故障码。
(5)再次读取故障码(是否依然存在故障码,在相应的横线上打√)。
　　是＿＿＿＿＿＿＿＿＿＿＿否＿＿＿＿＿＿＿＿＿＿＿
(6)验证能否正常直流充电。
(7)整理,恢复作业场地。

六 评估

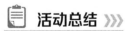 活动总结

请根据工作过程撰写技术总结。

_____技术总结
1. 故障现象
2. 故障原因
3. 基本检修过程
4. 操作经验和不足

活动评价

1. 结果检验

序号	检查项目	结果(打√或×)
1	维修后故障代码读取,并填写读取结果,与原故障码相关的动态数据检查结果,维修后的功能确认并填写结果	
2	直流充电系统故障是否排除	
3	实施过程中操作规范	
4	执行企业安全生产制度、环保管理制度以及"8S"管理规定	

2. 根据下表进行自评、互评、教师评价

直流快充系统故障检测与排除						实习日期:		
姓名:		班级:		学号:		教师签名:		
自评:□熟练 □不熟练		互评:□熟练 □不熟练		师评:□合格 □不合格				
日期:		日期:		日期:				
直流充电系统故障检修【评分细则】								
序号	评分项	得分条件	分值(分)	评分要求	自评	互评	师评
1	安全/8S/态度	□能进行工位"8S"操作 □能进行设备和工具安全检查 □能进行车辆安全防护操作 □能进行工具清洁、校准、存放操作 □能进行三不落地操作	15	未完成1项扣3分,扣分不得超过15分	□熟练 □不熟练	□熟练 □不熟练	□合格 □不合格
2	专业技能能力	□能正确描述直流充电故障现象 □能正确分析直流充电故障原因 □能正确编制直流充电故障检修流程	50	未完成1项扣5分	□熟练 □不熟练	□熟练 □不熟练	□合格 □不合格
3	工具及设备的使用能力	□能正确地使用维修工具	10	未完成1项扣3分,扣分不得超过10分	□熟练 □不熟练	□熟练 □不熟练	□合格 □不合格
4	资料、信息查询能力	□能正确地使用维修手册查询资料 □能正确地记录所需维修信息	10	未完成1项扣3分	□熟练 □不熟练	□熟练 □不熟练	□合格 □不合格
5	数据判断和分析能力	□能判断直流充电信号线路好坏	10	未完成1项扣3分	□熟练 □不熟练	□熟练 □不熟练	□合格 □不合格
6	表单填写报告的撰写能力	□字迹清晰 □语句通顺 □无错别字 □无涂改 □无抄袭	5	未完成1项扣1分,扣分不得超过5分	□熟练 □不熟练	□熟练 □不熟练	□合格 □不合格
总分:							

续上表

小组评语及建议		组长签名： 年　月　日
教师评语及建议		教师签名： 年　月　日

学习活动 4　充电设备故障检测与排除

一、资讯

情景描述 »»»

某比亚迪新能源汽车 4S 店的高级汽车维修工小蔡接到一张任务工作单：一辆 2019 款比亚迪 e5 纯电动汽车利用随车充电枪无法进行充电。小蔡初步检查，发车辆本身交流充电系统功能正常，应该是充电设备问题，现需进一步检修以确认故障原因。如果你是小蔡，应该如何检修该故障呢？

任务要求 »»»

请你根据任务情境描述，在规定的时间内，分别完成 2019 款比亚迪 e5 纯电动汽车充电设备故障检修的方案编制和基本检查实施：

(1) 请列出需要和车主沟通的内容。
(2) 完成车辆的环车检查，填写好健诊报告单。
(3) 能认识充电枪组成结构，并理解其工作原理。
(4) 请查阅手册，列出可能产生的故障原因，并说明理由。
(5) 查阅资料，制订一份尽可能详细的故障的检修方法，并全面而细致地说明采取此方案的理由。
(6) 能根据计划规范完成故障检修作业，同时列出在检修过程中需要注意的事项。

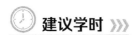
建议学时

10 学时

二 计划

 交流充电桩的使用

 直流充电桩的使用

知识链接

1. 充电桩概述

目前的充电桩类似于加油站里的加油机,固定在地面或墙壁,安装于公共建筑(公共楼宇、商场、公共停车场等)和居民小区停车场或充电站,可以根据不同的电压等级为各种品牌的新能源汽车充电。充电桩的输入端与交流电网、通信设备、网络直接连接,输出端装有充电插头,用于和新能源汽车连接。充电桩一般提供常规充电和快速充电两种充电方式,人们可以使用特定的充电卡在充电桩提供的人机交互操作界面上刷卡使用,进行相应的充电方式、充电时间、费用数据打印等操作,充电桩显示屏能显示充电量、费用、充电时间等数据。

新能源汽车的充电方式主要包括公共充电桩、家用充电桩、便携充电器三种。

1)便携充电器

便携充电器属于新能源汽车的标配,其充电电缆(便携式充电器)通常放置在车辆行李舱内。新能源汽车都会随车配备便携充电器,车主可通过家用电源进行充电,如图 5-17 所示。

便携充电器是一种非常方便的充电方式,只要能找到插座,就可以充电。普通家用插座的电压为 220V,电流一般为 10A 左右,充电功率一般来说只有 2kW 左右。由于功率较小,便携充电器的充电时间太长,只能作为其他充电方式的一种补充,方便用户随时补电。

2)家用充电桩

家用充电桩是最常见的一种充电桩。一般私人用户购买新能源汽车都会附赠一个家用充电桩,如图 5-18 所示。家用充电桩低配版的功率是 3.3kW,高配版的则是 7kW。腾势提供的 2 种家用充电桩,功率分别为 10kW 和 20kW。不同型号的家用充电桩虽然输出功率有差异,但使用方法基本相同。

图 5-17 便携充电器

图 5-18 家用充电桩

3)公共充电桩

公共充电桩是一种通过充电站或充电桩进行充电的模式。具有公共性、便捷性、多样性、环保性、经济性、科技性和安全性等特点,如图5-19所示。这种充电方式的优点是可以根据实际情况选择直流快充和交流慢充。

图5-19 公共充电桩

不同功率的交流充电设备对动力蓄电池充满的时间有所不同,正常情况下功率越大其输出的充电电流就越大,充电时间就越短。不同功率充电设备的最大输出电流见表5-8。

不同功率充电设备的最大输出电流　　　　　　表5-8

功率	允许输出最大电流(A)	枪端CC与PE之间的电阻(Ω)
2kW 充电枪	8	1500
3.3kW 充电枪	16	680
7kW 充电盒或充电桩	32	220
40kW 充电盒	63	100

例如,2017款的比亚迪e5纯电动汽车电池总电压为633.6V,容量为75Ah,其电池的能量为47.5kW·h,如果用40kW的对其充电要1h左右可充满,用7kW的对其充电要6~7h可充满,用3.3kW的要15h左右可充满,用2kW的要24h左右可充满。

2. 交流充电桩

交流充电桩采用市电220V电压,具有必要的保护系统和通信系统,由电力输出接口传输给新能源汽车自带充电机,转换成直流电后对蓄电池进行充电。交流充电桩没有充电模块,主要完成控制、计量、安全防护、与汽车连接等功能,直接向汽车输入交流电,由汽车的车载充电机完成电流的转换。充电桩的控制以主控板为中心,分别与交流电表、其他辅助模块及车载充电机通信,进行信息交互,通过继电器执行开关动作和回检,通过传感器完成充电状态的实时测量。交流充电桩工作原理如图5-20所示。

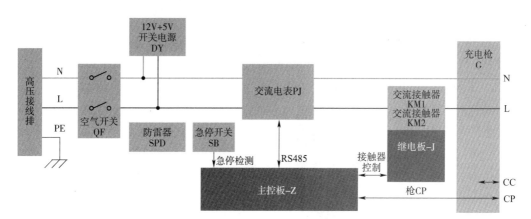

图 5-20 交流充电桩工作原理

交流充电桩整个工作过程：插上充电枪后，用户通过显示屏选择充电模式以及充电启动模式，主控模块接收显示屏操作信息和刷卡信息（微信、支付信息）后，控制继电器模块工作，继电器模块输出 220V 交流电控制交流接触器闭合。此时，220V 经过接线排到单相断路器，再到智能电表，最后经过闭合后的接触器对外输出 220V 给充电枪进行充电。

3. 直流充电桩

直流充电桩，俗称"快充"，它是固定安装在新能源汽车外、与交流电网连接、可以为非车载新能源汽车动力蓄电池提供直流电源的供电装置。与交流充电桩相比，直流充电桩多了充电模块，即交流转直流功能模块，其他结构基本一样。直流充电桩工作时，三相交流电经过 EMC 等防雷滤波模块进入电表中，经计量后输入充电机模块转换成可控制功率的高压直流电，经过充电枪直接给动力蓄电池进行充电。电表监控整个充电机工作时的实际充电电量。根据实际充电电流及充电电压的大小，充电机往往需要并联使用，因此要求充电机拥有能够均流输出的功能，充电机输出经过充电枪直接给动力蓄电池进行充电。在直流充电桩工作时，辅助电源给主控单元、显示模块、保护控制单元、信号采集单元及刷卡模块等控制系统供电。另外，在动力蓄电池充电过程中，辅助电源给 BMS 系统供电，由 BMS 系统实时监控动力蓄电池的状态。直流充电桩输出功率为 40kW、120kW，最高 450kW。直流充电桩工作原理如图 5-21 所示。

当车辆插上直流充电枪时，充电桩的主控板识别车辆 A＋和 A－的电源信息，从而控制低压继电器 2 闭合（低压继电器 1 断开），＋12V 电压从充电桩的开关电源→低压继电器 2→防反板→A＋空气开关（1）→充电枪枪口→车辆控制装置（BMS），此时 BMS 进入工作状态，对 CC2 输出检测电压。同时车端的 CC2 检测到枪口端的电阻 R_3，电压被拉低，识别连接信号告知 BMS，从而 BMS 控制车辆直流充电接触器闭合。而另一端充电枪口的 CC1 检测到车辆端电阻 R_4，拉低电压告知充电桩主控板，主控板再接收其他相关信息后（充电桩无故障、刷卡起动信息、S＋和 S－通信信息告知车辆动力蓄电池额定总电压）控制充电桩里的高压接触器闭合，对车辆输出合适的高压直流电给蓄电池包充电。

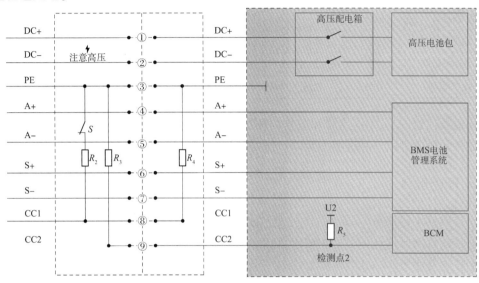

图 5-21　直流充电桩工作原理

4. 充电设备常见故障及其处理方法

当家用充电桩无法对车辆充电时,我们可以根据故障,结合故障症状表来进行相应检查。充电桩故障症状表见表 5-9。

充电桩故障症状表　　　　　　　　　　　　　　　　　　　　　　　　　表 5-9

序号	故障现象	可能原因
1	接触不良	电源和充电枪连接不良、电源线或充电枪内部电缆接能不良
2	断路	电源缆或充电枪内部电线断路
3	短路	电源缆或充电枪内部电统组路、充电枪进水或受潮导致短路
4	过热	充电枪长时间工作导数过热
5	输出电压/电流异常	交流充电桩输出电压/电流异常
6	通信异常	交流充电桩与车辆通信异常
7	内部电路故障	充电枪内部电路故障

便携式充电枪通常具有多个指示灯,用于指示充电枪的工作状态和充电设备的充电情况。不同的指示灯可能具有不同的含义见表 5-10。当便携式充电枪无法对车辆充电时,我们可以根据指示灯,结合故障症状表来进行相应检查。

便携式充电枪指示灯含义　　　　　　　　　　　　　　　　　　　　　表 5-10

指示灯	颜色	含义
电源指示灯	绿色	指示充电枪的电源已经接通,充电枪处于待机状态
充电指示灯	绿色	指示充电枪正在为设备充电,充电过程中灯会亮起

续上表

指示灯	颜色	含义
充满指示灯	绿色	指示设备已经充满电,灯会亮起并保持常亮状态
故障指示灯	红色	指示充电枪出现故障,如接触不良、断路、短路等,灯会亮起并伴随故障提示音
保护指示灯	黄色	指示充电枪处于过温、过流等保护状态,灯会亮起并伴随保护提示音

需要注意的是,不同品牌和型号的便携式充电枪的指示灯含义可能有所不同,具体的指示灯含义以产品说明书为准。

任务确认

1. 明确工作任务

请认真阅读信息页中工作情境描述,用彩笔标记关键词,用一句话总结你需要完成的任务及要求。

工作要求

2. 环车检查

比亚迪汽车服务店健诊报告单

车牌_____的车主,您好!我们已为您车辆进行全面健康检查,检查结果如下,请您查阅!

健诊项目		免检	正常	异常	已排除
VDS 程序扫描		○	○	○程序需更新　○车辆有故障	○
模式转换	EV、HEV	○	○	○不能转换	○
	EV(ECO、SPORT)	○	○	○不能转换	○
	HEV(ECO、SPORT)	○	○	○不能转换	○
▲充电口簧片		○	○	○建议更换	○
▲高压部件		○	○	○建议更换	○
▲动力蓄电池		○	○	○刮擦凹陷深度　　mm　○故障码　○建议更换	○
车辆灯光		○	○	○(　)灯故障　○建议更换灯泡　○建议更换总成	○
空气滤芯		○	○	○建议更换	○
空调滤芯		○	○	○建议更换	○
制动踏板限位垫		○	○	○建议更换	○

续上表

健诊项目			免检	正常	异常	已排除
转向助力泵油液液位			○	○	○缺少　○建议更换	○
制动液	油壶液位		○	○	○缺少	○
	油质颜色		○	○	○建议更换	○
冷却液液位			○	○	○缺少　○建议更换	○
发动机皮带及附件			○	○	○皮带松旷　○皮带老化、开裂、磨损严重	○
胎压	前	左( )kPa, 右( )kPa	○	○	○气压偏低或高	○
	后	左( )kPa, 右( )kPa	○	○	○气压偏低或高	○
	备用轮胎( )kPa		○	○	○气压偏低或高	○
轮胎	划伤情况		○	○	○建议更换	○
	鼓包情况		○	○	○建议更换	○
胎纹深度	前	左( )mm, 右( )mm	○	○	○建议更换	○
	后	左( )mm, 右( )mm	○	○	○建议更换	○
	备用轮胎( )mm		○	○	○建议更换	○
摩擦块厚度	前	左( )mm, 右( )mm	○	○	○建议更换	○
	后	左( )mm, 右( )mm	○	○	○建议更换	○
制动系统	制动盘		○	○	○表面有裂纹　○过度磨损　○跳动异常	○
车轮螺母力矩			○	○	○力矩不正常	○
变速器滤清器盖罩			○	○	○磨损	○
底盘检查			○	○	○油液泄漏　○磕碰损伤　○螺栓松动	○
建议				检查日期	年　　月　　日　　时　　分	
				技师签名		

3. 故障现象确认

(1) 连接随车交流充电枪,观察仪表充电是否正常?

(2) 观察组合仪表显示是否正常_____。

进一步确认故障现象为:_____。

新能源汽车高压系统检修

故障信息

（1）连接故障诊断仪，打开点火开关，打开故障诊断仪，进入数据总线诊断接口，读取并记录相关故障代码与数据流。车辆下电后清除故障码，车辆再次上电后，使用故障诊断仪再次读取故障码并和之前的故障码进行对比，分析故障码的性质。

故障代码	故障含义
数据流	数据流相应参数

（2）根据电路图分析 2019 款比亚迪 e5 纯电动汽车随车充电枪充电异常的故障原因，并编制基本检查实施方案。

相关内容记录
①故障现象记录
②故障原因分析
③检修方案编制

三 决策

教师对各小组制订的故障检修方案进行点评，并进行修改完善。

优化后的实施方案

四、实施

充电设备故障检测与排除流程如下。

1. 验证故障现象	
  连接随车交流充电枪,观察充电枪指示灯和仪表	连接随车交流充电枪,观察充电枪指示灯和仪表提示信息及警告灯
2. 安全防护工作	
 检查绝缘垫,布置警戒线,摆放警示牌	(1)检查绝缘垫,布置警戒线,摆放警示牌
 检查绝缘手套、绝缘鞋、护目镜、安全帽	(2)绝缘手套、绝缘鞋、护目镜、安全帽外观及性能检查

续上表

	2. 安全防护工作
 检查工具外观及性能	(3) 绝缘万用表和绝缘工具箱外观及性能检查
  铺设车内外三件套	(4) 铺设翼子板防护垫、汽车维修三件套、脚垫
	3. 系统检测
 连接诊断仪	(1) 连接诊断仪。 提示:诊断接口位于驾驶人仪表板的下部

续上表

3. 系统检测	
 踩下制动踏板,并按下起动开关	(2)踩下制动踏板,并按下起动开关
 读取故障码	(3)读取故障码。 提示:读取时先扫描所有模块
4. 线路及元器件检测	
 测量充电枪CP信号接口的电压	(1)充电枪插电后测量充电枪CP信号接口的电压

续上表

4. 线路及元器件检测	
 测量充电枪 CP 输出端电压	(2)充电枪插电后测量充电枪 CP 输出端的电压
 测量 CP 输出端与 CP 信号接口的电阻	(3)充电枪断电,测量 CP 输出端与 CP 信号接口之间的电阻
 检查 CP 输出端连接情况	(4)检查 CP 输出端连接情况,连接松动,重新焊接
5. 验证故障	
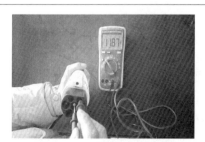 测量充电枪 CP 信号接口的电压	(1)测量充电枪 CP 信号接口的电压

续上表

5.验证故障	
  连接充电枪,观察充电枪指示灯和仪表充电显示情况	(2)连接充电枪,观察充电枪指示灯和仪表充电显示情况

五 检查

用故障诊断仪读取故障代码,根据诊断仪读出故障类型。
(1)关闭点火开关。
(2)将故障诊断仪连接到汽车故障诊断接口(U31)。
(3)按照诊断仪上的提示读出故障代码(DTC)。
(4)清除故障码。
(5)再次读取故障码(是否依然存在故障码,在相应的横线上打√)。
　　是_____否_____
(6)验证随车充电枪能否正常充电。
(7)整理,恢复作业场地。

六 评估

活动总结 »»»

请根据工作过程撰写技术总结。

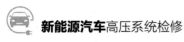

_____技术总结
1.故障现象
2.故障原因
3.基本检修过程
4.操作经验和不足

活动评价

1. 结果检验

序号	检查项目	结果(打√或×)
1	维修后故障代码读取,并填写读取结果,与原故障码相关的动态数据检查结果,维修后的功能确认并填写结果	
2	充电设备故障是否排除	
3	实施过程中操作规范	
4	执行企业安全生产制度、环保管理制度以及"8S"管理规定	

2. 根据下表进行自评、互评、教师评价

充电设备故障检测与排除			实习日期：		
姓名：	班级：		学号：		教师签名：
自评：□熟练 □不熟练	互评：□熟练 □不熟练		师评：□合格 □不合格		
日期：	日期：		日期：		
充电设备故障检修【评分细则】					
序号	评分项	得分条件	分值(分)	评分要求	自评	互评	师评

序号	评分项	得分条件	分值(分)	评分要求	自评	互评	师评
1	安全/8S/态度	□能进行工位"8S"操作 □能进行设备和工具安全检查 □能进行车辆安全防护操作 □能进行工具清洁、校准、存放操作 □能进行三不落地操作	15	未完成1项扣3分,扣分不得超过15分	□熟练 □不熟练	□熟练 □不熟练	□合格 □不合格
2	专业技能能力	□能正确描充电枪故障现象 □能正确分析充电枪故障原因 □能正确编制充电枪故障检修流程	50	未完成1项扣5分	□熟练 □不熟练	□熟练 □不熟练	□合格 □不合格
3	工具及设备的使用能力	□能正确地使用维修工具	10	未完成1项扣3分,扣分不得超过10分	□熟练 □不熟练	□熟练 □不熟练	□合格 □不合格
4	资料、信息查询能力	□能正确地使用维修手册查询资料 □能正确地记录所需维修信息	10	未完成1项扣3分	□熟练 □不熟练	□熟练 □不熟练	□合格 □不合格
5	数据判断和分析能力	□能判断充电枪有问题 □能判断充电枪CP信号线路好坏	10	未完成1项扣3分	□熟练 □不熟练	□熟练 □不熟练	□合格 □不合格
6	表单填写报告的撰写能力	□字迹清晰 □语句通顺 □无错别字 □无涂改 □无抄袭	5	未完成1项扣1分,扣分不得超过5分	□熟练 □不熟练	□熟练 □不熟练	□合格 □不合格

续上表

总分:			
小组评语及建议		组长签名: 年　月　日	
教师评语及建议		教师签名: 年　月　日	

习题

1. 填空题

(1) 智能充电系统主要由_____、_____、_____等部分组成。

(2) DC/DC 变换器输出不足时,由_____辅助向用电设备供电。铁蓄电池还可以吸收电路中的_____,保持汽车电器系统_____,保护电子元件。

(3) 交流(慢充)充电的充电过程大致分为_____、_____、_____、_____。

(4) 七星孔交流充电口,其中 PE 为_____,_____是充电连接确认,其电压为_____;CP 为_____,CP 由_____输出 12V 的检测电压(国标统一标准)。

(5) 直流充电系统中 DC + 、DC - 是经_____的直流电源,_____为充电桩与车辆连接确认信号、_____是_____与_____连接确认信号。

(6) 新能源汽车的充电方式主要包括_____、_____、_____三种。

2. 选择题

(1) DC/DC 变换器将动力蓄电池的电压降至(　　)。
　　A. 11V　　　　B. 12V　　　　C. 13V　　　　D. 14V

(2) 交流充电桩或家用 16A 供电插座提供的交流电经过车载充电机的(　　)转换为高压直流电,通过高压控制盒连接到动力蓄电池。
　　A. 滤波、整流、升压　　　　B. 整流、滤波、升压
　　C. 整流、升压、滤波　　　　D. 升压、滤波、整流

(3) 直流充电接口与交流充电接口相比,增加了(　　)个端口。
　　A. 1　　　　B. 2　　　　C. 3　　　　D. 4

(4) 不同功率的交流充电设备对动力蓄电池充满的时间就有所不同,正常情况下功率_____其输出的充电电流就_____,充电速度就_____。(　　)
　　A. 越大、越小、越慢　　　　B. 越小、越大、越慢
　　C. 越大、越大、越快　　　　D. 越小、越小、越快

3. 判断题

(1) 对于电气系统来说,未进入过放保护或者超低功耗情况下,铁蓄电池都是电气设备的常电供给电源。　　　　　　　　　　　　　　　　　　　　　　(　　)

(2)交流充电与直流充电相比,单相交流电通过车辆接口先进入车载充电机,然后直接给蓄电池充电。（　　）

(3)将直流充电枪插入车辆充电口,充电桩中 U_1 与电阻 R_2、机械锁止开关、CC2、R_4 和车身搭铁形成工作回路。（　　）

(4)交流充电桩采用市电220V电压,由电力输出接口传输给新能源汽车自带充电机,无需转化就可以对蓄电池进行充电。（　　）

4. 简答题

(1)什么是智能低压充电模式?

_____
_____
_____

(2)简单阐述交流慢充系统充电过程。

_____
_____
_____

(3)简述交流慢充与直流快充的区别。

_____
_____
_____

(4)简单阐述交流充电桩的工作原理。

_____
_____
_____
_____

5. 实操练习题

根据本任务的学习内容,分小组在车辆上设置充电系统的故障,其他组成员进行排除。排除后各组汇报本组故障重点考察什么知识点,排除思路是什么?

参考文献

[1] 解福泉,钟原,马丽.新能源汽车动力电池及管理系统检修[M].北京:机械工业出版社,2023.

[2] 蔡泽光,刘猛洪,等.新能源汽车电池及管理系统检修[M].北京:机械工业出版社,2021.

[3] 王雷.新能源汽车维护与故障诊断[M].南京:江苏人民出版社,2020.

[4] 黄显祥,马涛.纯电动汽车检修[M].上海:华东师范大学出版社,2018.

[5] 王博,吴书龙.新能源汽车充电技术[M].北京:机械工业出版社,2022.

[6] 王鸿波,谢敬武.新能源汽车构造与检修[M].北京:机械工业出版社,2018.

[7] 董隆,张磊.新能源汽车结构与检修[M].北京:高等教育出版社,2020.